阿塞拜疆语言大学孔子学院系列汉语阅读教材

你好，巴库（初级）

nǐ hǎo

Bā kù

陈晓珍 主编

天津出版传媒集团

天津人民出版社

图书在版编目（CIP）数据

你好，巴库：初级 / 陈晓珍主编 . —— 天津：天津人民出版社，2024.4
ISBN 978-7-201-19807-1

Ⅰ . ①你… Ⅱ . ①陈… Ⅲ . ①汉语 – 阅读教学 – 对外汉语教学 – 教材 Ⅳ . ① H195.4

中国国家版本馆 CIP 数据核字 (2023) 第 175007 号

你好，巴库（初级）
NI HAO BAKU CHUJI

出　　版	天津人民出版社
出 版 人	刘锦泉
地　　址	天津市和平区西康路 35 号康岳大厦
邮政编码	300051
邮购电话	（022）23332469
电子信箱	reader@tjrmcbs.com

责任编辑	王　玎
封面设计	汤　磊

印　　刷	天津新华印务有限公司
经　　销	新华书店
开　　本	787 毫米 ×1092 毫米　1/16
印　　张	13
字　　数	150 千字
版次印次	2024 年 4 月第 1 版　2024 年 4 月第 1 次印刷
定　　价	69.00 元

序言

《你好，巴库》是面向外国中文学习者编写的通用汉语阅读课本，由浙江湖州师范学院海外孔院外派教师分课型完成。课本的编写是以国家语委审定的《国际中文教育中文水平等级标准》（GF0025-2021）（以下简称《标准》）为基准实施的。

《标准》由教育部中外语言合作交流中心组织研制，经国家语委语言文字规范标准审定委员会审定，自2021年7月1日起作为国家语委语言文字规范正式实施，"是国家语委首个面向外国中文学习者，全面描绘评价学习者中文语言技能和水平的规范标准"。

与以往出版的各类汉语语音、词汇、汉字标准不同，此次《标准》在考察语言基本要素的基础上，更加注重学生综合语言能力的量化考核。无论从言语交际能力、话题表达内容，还是各项量化指标等维度，都对学习者的中文水平提出了更高的要求。因此，如何帮助当地中文爱好者更好地适应时代变革中的中文考试项目，推动当地中文教育标准化以及促进本土中文教学创新等课题，就成了海外各地国际中文教育一线教师的首要任务。

为迎接这一时代性的变化，湖州师范学院海外孔院公派教师，从2021年就开始做各种准备工作，积极组织教研团队开始了基于《标准》框架下新时期阿塞拜疆本土化汉语教材的编写工作，从总体设计、教材编写、课堂教学到课程测试均参照《标准》，分级增加语音、汉字、词汇、语法四项基本要素的量化指标，并在编写过程中体现"互联网+"时代的地方语言特征和风土人情设定，尝试通过加入本土化交际场景，增强学习者兴趣。因此，这是一本体现科学性、地域性和时代性的新型课本。

《你好，巴库》以阿塞拜疆本地中学生为主要教学对象，设有初级、中级、高级等分册。本册为初级教材，主体课文设有6个单元，外加2个专题单元。每个单元3课，共24课。每课2~3课时，每个单元计8~10课时，每学期20周共计64~80课时。每个单元按照分设主题安排教学内容，对应当地学生每学期四到五个月的学习长度。主体课文为简单对话，课文后附生词自查、主题拓展部分。教师可依实际教学情况安排课时。

笔者自2017年赴任阿塞拜疆语言大学孔子学院，有幸参与到"一带一路"共建国家中文教育事业中来，陪伴师院海外孔院走过了7年的旅程。从最初的陌生，到如今的熟悉，于2023年终于完成所驻国本土汉语阅读书册的编写，中间经历了很多艰难困苦。

比如，在编写过程中，文化专题旨在加深对主体课文的深入解读，遵循《标准》的功能文化归类，围绕衣食住行等生活化场景，设计由浅入深的主题表达及词语展示，适合中小学生的学习特点。但话题内容并没有以交际功能等因素为唯一选取标准，而是结合笔者多年来对当地学习者情况的了解和年度热点问题综合进行选取，同时坚持以点带面、举一反三的原则。而如何在《标准》相应级别的量化指标基础上，选取合适的年度热点词汇或展示词语以扩大学习者的词汇量，就是编写之初反复确认、推倒、再确认的难题之一。没有现成的路，只能一点点摸着石头过河，一点点进步。

当然，成书中还有很多错漏和不足。但就笔者现有的教学心得进行总结归纳，为当地本土汉语教材建设抛砖引玉，也不失为一件很有意义的事情。在国际中文教育事业蒸蒸日上的时代里，我们能做的就是尽力将个人的所见所闻、所思所感，以最便捷的方式记录下来，让大家看到，为心爱的事业汇聚一份力量。

陈晓珍

2023 年 6 月

扫码查看配套课件

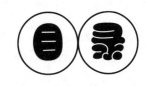

rèn shí
认识
xīn péng yǒu
新朋友

zhuān tí dān yuán
专题单元

rèn shí Zhōng guó
认识中国

LESSON 1
第一课

Zhōng guó dì tú
中国地图

kè wén
课文

gēn wǒ dú
跟我读

wá wá ài huā

gē gē ài yú

pó pó tiào wǔ

yé yé chàng gē

Zhōng guó dì tú
中国地图

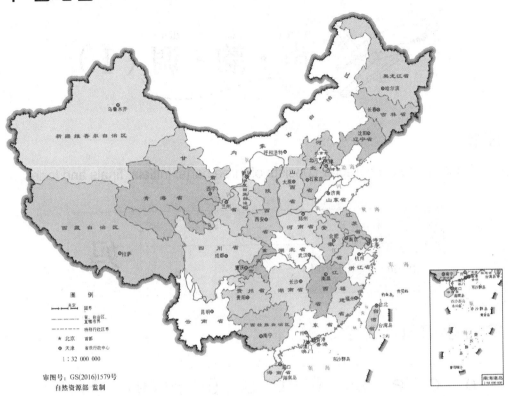

审图号：GS(2016)1579号
自然资源部 监制

Tái wān 台湾	a	ā	á	ǎ	à
Shān dōng 山东	o	ō	ó	ǒ	ò
Hé nán 河南	e	ē	é	ě	è
Xī zàng 西藏	i	ī	í	ǐ	ì
Hú běi 湖北	u	ū	ú	ǔ	ù
Yúnnán 云南	ü	ǖ	ǘ	ǚ	ǜ

shēng yùn diào
声·韵·调（1）

注释：

Each Chinese character consists of three parts: initials, finals and tones.

Tone		–		妈
Initial	Final	m	a	

单元音韵母 10 个：

a o e er ê i u ü –i（前） –i（后）

Tips:

The final "i" in "zi, ci, si" is pronounced as [–ʅ] , not [i]. The final "i" in "zhi, chi, shi" is pronounced as [–ɿ], not [i]. But they have the same written form as "i".

复元音韵母 13 个

ai ei ao ou ia ie ua uo üe

iao iou uai uei

一、你的生词
nǐ de shēng cí

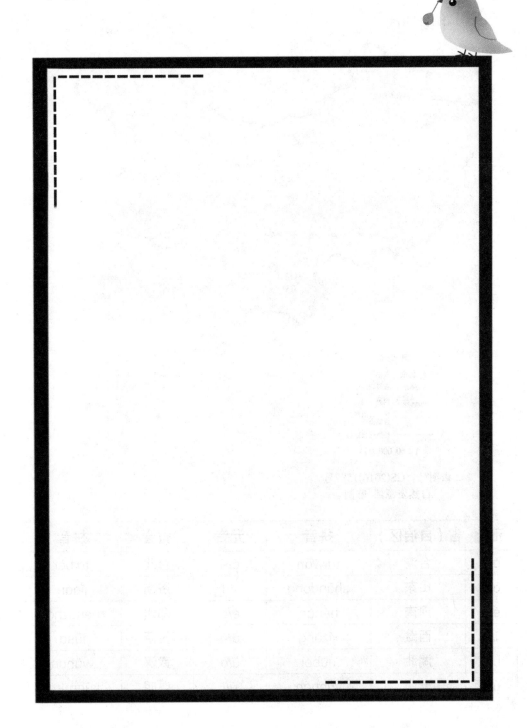

二、回答问题：你知道中国吗？
huí dá wèn tí　　nǐ zhī dào Zhōng guó ma

中国地图

元音	省（自治区）	拼音	元音	省会	拼音
á/ā	台湾	táiwān	á/ě	台北	táiběi
ā/ō	山东	shāndōng	ǐ/á	济南	jǐnán
é/á	河南	hénán	è/ō	郑州	zhèngzhōu
ī/à	西藏	xīzàng	ā/à	拉萨	lāsà
ú/ě	湖北	húběi	ǔ/à	武汉	wǔhàn
ú/á	云南	yúnnán	ū/í	昆明	kūnmíng

三、抄写

chāo xiě

三、抄写

a

o

e

i

u

ü

er

LESSON 2
第二课

Zhōng guó chéng shì
中国城市

gēn wǒ dú
跟我读

Běijīng huānyíng nǐ

wèi nǐ kāitiān-pìdì

liúdòng zhōng de mèilì chōngmǎn zhe zhāoqì

Běijīng huānyíng nǐ

zài tàiyáng xià fēnxiǎng hūxī

zài huáng tǔdì shuā xīn chéngjì

Běijīng huānyíng nǐ

xiàng yīn yuè gǎn dòng nǐ

ràng wǒmen dōu jiāyóu qù chāoyuè zìjǐ

Běijīng huānyíng nǐ

yǒu mèngxiǎng shuí dōu liǎobuqǐ

yǒu yǒngqì jiù huì yǒu qíjì

【名词：Běijīng 动词：huānyíng 副词：xiàng 形容词：liǎobuqǐ】

Tái wān
台湾   b   Táiběi

Xīn jiāng
新疆   m   Wūlǔmùqí

Ān huī
安徽   f   Héféi

Sì chuān
四川   d   Chéngdū

Guǎng dōng
广东   g   Guǎngzhōu

Hēi lóng jiāng
黑龙江   h   Hā'ěrbīn

Jiāng sū
江苏   j   Nánjīng

p   t   n   l   k   q   x

z   c   s   zh   sh   ch   r

shēng *yùn* *diào*
声·韵·调（2）

Tips:

Initials are usually consonants.

The syllable-dividing mark " ' " is used before syllables beginning with "a, o, e" when they might be joined incorrectly to syllables preceding them.

xī	ān	西安 Xī'ān
x	iān	先 xiān

声母 21 个

b	p	m	f	d	t	n

l	g	k	h	j	q	x

zh	ch	sh	r	z	c	s

The initial "j, q, x" can only followed by the finals "ia, ie, iao, iou, ian, in, iang, ing, ü, üe, üan, ün, iong". When the final "ü" are preceded by initials "j, q, x", the two dots over "ü" are omitted and turned into "ju, qu, xu".

j	ju	q	que	x	xun

一、你的生词
nǐ de shēng cí

二、回答问题：你知道哪些中国城市？
huí dá wèn tí　nǐ zhī dào nǎ xiē Zhōng guó chéng shì

辅音声母 fǔ yīn shēng mǔ									
b	p	m	f	d	t	n	l
g	k	h	j	q	x	y*	w*
zh	ch	sh	r	z	c	s

辅音	直辖市	拼音	辅音	城市	拼音
b/j	北京	Běijīng	sh/y	沈阳	Shěnyáng
t/j	天津	Tiānjīn	h/f	合肥	Héféi
sh/h	上海	Shànghǎi	x/m	厦门	Xiàmén
ch/q	重庆	Chóngqìng	ch/d	成都	Chéngdū
g/zh	广州	Guǎngzhōu	w/l/m/q	乌鲁木齐	Wūlǔmùqí

三、<ruby>抄写<rt>chāo xiě</rt></ruby>

b

p

m

f

d

t

n

l

g

k

h

j

q

x

zh

ch

sh

r

z

c

s

Běijīng

Xī'ān

LESSON 3
第三课

Cháng Jiāng Huáng Hé
长江黄河

江河 river

Huáng Hé shì Zhōng guó
黄河是中国
de mǔ qīn hé
的母亲河。

kè wén 课文

gēn wǒ dú 跟我读

Cháng Jiāng　　Cháng jiāng

wǒ shì Huáng Hé

Huáng Hé　　Huáng Hé

wǒ shì Cháng Jiāng

长江！长江！我是黄河！

黄河！黄河！我是长江！

Cháng Jiāng　　Cháng Jiāng

nǐ zài nǎ'r

Huáng Hé　Huáng Hé

wǒ zài Zhōngguó

Cháng Jiāng　　Cháng Chéng

Huáng Shān　　Huáng Hé

zài wǒ xīn zhōng zhòng qiān jīn

<ruby>声<rt>shēng</rt></ruby>·<ruby>韵<rt>yùn</rt></ruby>·<ruby>调<rt>diào</rt></ruby>（3）

Tips:

The nasal finals which are composed of vowels and consonants.

鼻韵母16个：

an	en	ang	eng	ong	ian	in	iang	ing	iong

uan	üan	uen	ün	uang	ueng

The finals "i, u, ü" are written as "yi, wu, yu", when standing as syllables by themselves.

The finals "ü, üe, üan, ün" are written as "yu, yue, yuan, yun".

The finals "u, ua, uo, uai, uei, uan, uen, uang" are written as "wu, wa, wo, wai, wei, wan, wen, wang".

i	yi	u	wu	ü	yu
üe	yue	üan	yuan	ün	yun
u	wu	uai	wai	uei	wei

一、你的生词

nǐ de shēng cí

huí dá wèn tí   nǐ zhī dào Zhōng guó de mǔ qīn hé ma
二、回答问题：你知道中国的母亲河吗？

Huáng Hé Huáng   Cháng Jiāng Cháng

Huáng Hé méiyǒu Cháng Jiāng Cháng

Cháng Jiāng méiyǒu Huáng Hé Huáng

Shuōshuō nǐ men de mǔ qīn hé.
说说你们的母亲河。

三、<ruby>抄写<rt>chāo xiě</rt></ruby>

Cháng Jiāng

Huáng Hé

Cháng Chéng

Huáng Shān

xīn zhōng

qiānjīn

huānyíng

Zhōng Guó Shěng shì Míng chēng Jiǎn biǎo
中国省市名称简表

序号	直辖市	拼音
1	北京	Běijīng
2	重庆	Chóngqìng
3	上海	Shànghǎi
4	天津	Tiānjīn

序号	特别行政区	拼音
1	香港	Xiānggǎng
2	澳门	Àomén

序号	省（自治区）	拼音	省会	拼音
1	河南	Hénán	郑州	Zhèngzhōu
2	河北	Héběi	石家庄	Shíjiāzhuāng
3	山东	Shāndōng	济南	Jǐnán
4	山西	Shānxī	太原	Tàiyuán
5	安徽	Ānhuī	合肥	Héféi
6	浙江	Zhèjiāng	杭州	Hángzhōu
7	江苏	Jiāngsū	南京	Nánjīng
8	江西	Jiāngxī	南昌	Nánchāng

续表

序号	省（自治区）	拼音	省会	拼音
9	福建	Fújiàn	福州	Fúzhōu
10	湖南	Húnán	长沙	Chángshā
11	湖北	Húběi	武汉	Wǔhàn
12	广东	Guǎngdōng	广州	Guǎngzhōu
13	广西	Guǎngxī	南宁	Nánníng
14	海南	Hǎinán	海口	Hǎikǒu
15	云南	Yúnnán	昆明	Kūnmíng
16	贵州	Guìzhōu	贵阳	Guìyáng
17	四川	Sìchuān	成都	Chéngdū
18	陕西	Shǎnxī	西安	Xī'ān
19	甘肃	Gānsù	兰州	Lánzhōu
20	青海	Qīnghǎi	西宁	Xīníng
21	西藏	Xīzàng	拉萨	Lāsà
22	新疆	Xīnjiāng	乌鲁木齐	Wūlǔmùqí
23	宁夏	Níngxià	银川	Yínchuān
24	辽宁	Liáoníng	沈阳	Shěnyáng
25	黑龙江	Hēilóngjiāng	哈尔滨	Hāěrbīn
26	内蒙古	Nèiměnggǔ	呼和浩特	Hūhéhàotè
27	台湾	Táiwān	台北	Táiběi
28	吉林	Jílín	长春	Chángchūn

23个省 5个自治区 4个直辖市 2个特别行政区

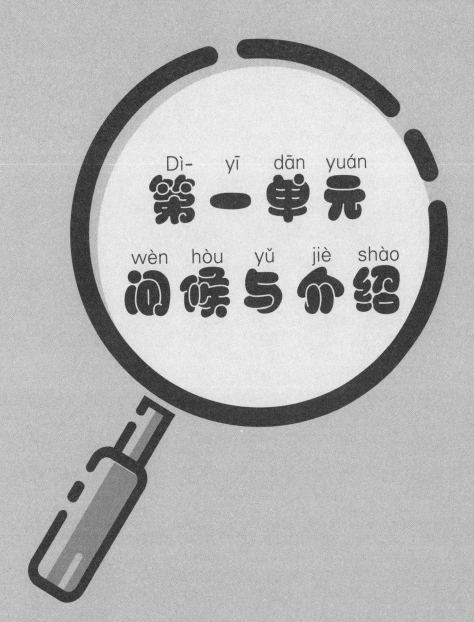

Dì- yī dān yuán
第一单元
wèn hòu yǔ jiè shào
问候与介绍

LESSON 1
第一课

Nǐ hǎo
你好！

kè wén
课文

Nǐ men hǎo　wǒ shì Ā Fēi
你们好，我是阿飞。

Jīn Tiān wǒ shì dì- yī cì jiàn Ā Qìn lǎo shī
今天我是第一次见阿沁老师。

Ā Qìn　　Nǐ hǎo
阿沁：你好！

Ā Fēi　　Nǐ hǎo
阿飞：你好！

Ā Qìn　Wǒ shì Ā Qìn lǎo shī
阿沁：我是阿沁老师。

Ā Fēi　Wǒ shì Ā Fēi
阿飞：我是阿飞。

Ā Qìn　　Ā Fēi　　nǐ hǎo ma
阿沁：阿飞，你好吗？

Ā Fēi　Wǒ hěn hǎo　Xiè xie
阿飞：我很好。谢谢。

Ā Qìn　Zài jiàn
阿沁：再见！

Ā Fēi　Zài jiàn
阿飞：再见！

nǐ de shēng cí
一、你的生词

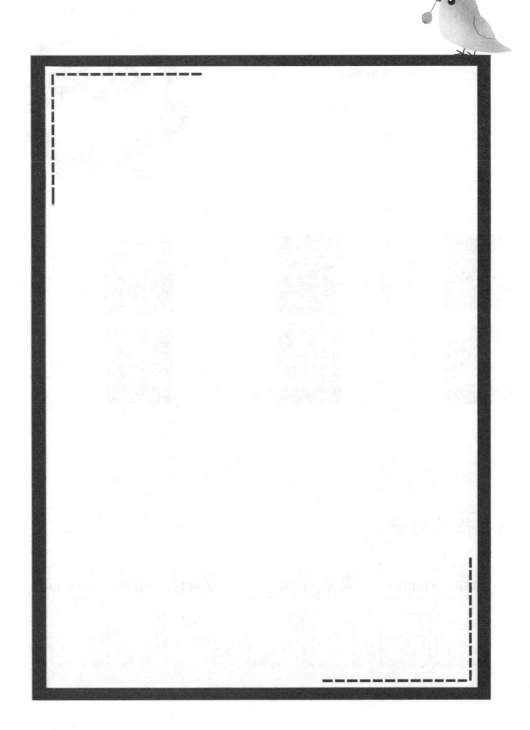

二、回答问题：你好吗？
<small>huí dá wèn tí　nǐ hǎo ma</small>

问候歌
<small>wèn hòu gē</small>

<small>Nǐ hǎo　Nǐ hǎo　Nǐ hǎo ma</small>
你好！你好！你好吗？

<small>Wǒ hěn hǎo　Wǒ hěn hǎo　nǐ ne</small>
我很好。我很好，你呢？

<small>Lǎo shī hǎo　Lǎo shī hǎo　Nǐ men hǎo ma</small>
老师好！老师好！你们好吗？

<small>Zài jiàn　Zài jiàn　Lǎo shī zài jiàn</small>
再见！再见！老师再见！

你　老　再

好　师　见

三、抄写句子
<small>chāo xiě jù zǐ</small>

<small>Nǐ hǎo</small>
你好！ Hello！

<small>Zài jiàn</small>
再见。 Bye.

<small>Lǎo shī hǎo</small>
老师好。 Hello, teacher.

LESSON 2
第二课

Nǐ jiào shén me míng zi
你叫什么名字?

kè wén
课文

Wǒ bù zhī dào Ā Xìn shì wǒ de lǎo shī   jīn tiān wǒ men yì qǐ dǎ lán qiú
我不知道阿信是我的老师，今天我们一起打篮球。

Ā Fēi   Nǐ hǎo
阿飞：你好！

Ā Xìn   Nǐ hǎo
阿信：你好！

Ā Fēi   wǒ shì Ā Fēi   nǐ jiào shén me míng zì
阿飞：我是阿飞，你叫什么名字？

Ā Xìn   wǒ jiào Ā Xìn   Wǒ shì nǐ de lǎo shī
阿信：我叫阿信。我是你的老师。

Ā Fēi   Á   Nín shì wǒ de lǎo shī   Duì bù qǐ
阿飞：啊？您是我的老师？对不起。

Ā Xìn   Méi guān xì   Wǒ men yì qǐ qù dǎ lán qiú ba
阿信：没关系。我们一起去打篮球吧。

Ā Fēi   Tài hǎo le
阿飞：太好了！

Ā Xìn   Zǒu ba
阿信：走吧。

一、你的生词

二、回答问题：你叫什么名字？
<small>huí dá wèn tí   nǐ jiào shén me míng zì</small>

《百家姓》
<small>bǎi jiā xìng</small>

<small>zhào   qián   sūn   lǐ</small>
赵　钱　孙　李

<small>zhōu   wú   zhèng   wáng</small>
周　吴　郑　王

<small>féng   chén   chǔ   wèi</small>
冯　陈　褚　卫

<small>jiǎng   shěn   hán   yáng</small>
蒋　沈　韩　杨

……

三、抄写句子
<small>chāo xiě jù zi</small>

<small>Nǐ jiào shén me míng zì</small>
你叫什么名字？ What's your name?

<small>Wǒ jiào Ā Xìn</small>
我叫阿信。 My name is A-xin.

<small>Wǒ shì nǐ de lǎo shī</small>
我是你的老师。 I'm your teacher.

LESSON 3
第三课

Nǐ jīn nián duō dà le
你今年多大了？

我的年龄 my age

Nǐ men hǎo wǒ jiào
你们好，我叫
Ā Nán jīn nián shí' èr suì
阿南，今年十二岁。

kè wén
课文

Jīn tiān wǒ rèn shí le yī gè xīn tóng xué tā jīn nián shí' èr suì Wǒ hěn gāo xìng
今天我认识了一个新同学，她今年十二岁。我很高兴。

Ā Xìn Ā Fēi zhè shì Ā Nán
阿信：阿飞，这是阿南。

Ā Fēi Ā Nán nǐ hǎo
阿飞：阿南，你好！

Ā Nán Ā Fēi nǐ hǎo
阿南：阿飞，你好！

Ā Xìn Ā Fēi shì xīn tóng xué Ā Nán qǐng nǐ bāng zhù tā
阿信：阿飞是新同学，阿南，请你帮助他。

Ā Nán Méi wèn tí Ā Fēi nǐ jīn nián duō dà le
阿南：没问题。阿飞，你今年多大了？

Ā Fēi Wǒ jīn nián shí' èr suì
阿飞：我今年十二岁。

Ā Nán Wǒ yě shì shí' èr suì
阿南：我也是十二岁。

Ā Fēi Hěn gāo xīng rèn shí nǐ
阿飞：很高兴认识你。

Ā Nán Wǒ yě hěn gāo xìng rèn shí nǐ
阿南：我也很高兴认识你。

一、你的生词
nǐ de shēng cí

二、回答问题：你今年多大了？
huí dá wèn tí　　nǐ jīn nián duō dà le

我的年龄
wǒ de nián líng

一、二、三，
Yī　èr　sān

四、五、六，
sì　wǔ　liù

七、八、九，
qī　bā　jiǔ

你几岁了？
Nǐ jǐ suì le

我十岁了。
Wǒ shí suì le

十一、十二、十三，
Shí yī　shí èr　shí sān

十四、十五、十六，
shí sì　shí wǔ　shí liù

十七、十八、十九，
shí qī　shí bā　shí jiǔ

你多大了？
Nǐ duō dà le

我二十岁了。
Wǒ èr shí suì le

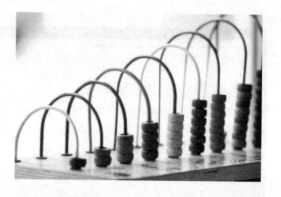

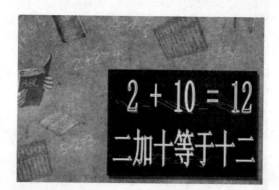

你能用汉字写出下面的数字吗？ Can you write these numbers in Chinese?

21_____ 22_____ 23_____

24_____ 25_____ 26_____

27_____ 28_____ 29_____

chāo xiě jù zi
三、抄写句子

Nǐ duō dà le
你多大了？ How old are you ?

Wǒ shí' èr suì le
我十二岁了。I'm twelve years old.

Hěn gāo xìng rèn shi nǐ
很高兴认识你！ Nice to meet you !

生词表

第一课 你好！

词性	单词	英文	例句
名词 Noun	老师 lǎoshī	Teacher	他是老师。
	今天 jīntiān	Today	我今天很好。
	阿飞 Ā Fēi	Boy's Name	阿飞，你好。
	阿沁 Ā Qìn	Girl's Name	阿沁老师，你好。
代词 Pronoun	我 wǒ	I	我是阿飞。
	你 nǐ	You	你好。
	们 men	Plural	我们 / 你们
	吗？ ma	Question word	你好吗？
动词 Verb	是 shì	To be	你是阿沁老师吗？
形容词 Adjective	好 hǎo	Good	老师好。
副词 Adverb	很 hěn	Very	我们都很好。

续表

词性	单词	英文	例句
常用语 Common Phrases	第一次 dì-yī cì	First time	他第一次来。
	谢谢 xièxiè	Thank you	谢谢你!
	再见！zàijiàn	Goodbye	再见!

第二课 你叫什么名字？

词性	单词	英文	例句
名词 Noun	阿信 Ā Xìn	Boy's Name	阿信，你好。
	篮球 lánqiú	Basketball	打篮球。
	名字 míngzi	Name	我的名字。
代词 Pronoun	您 nín	You	您好!
	什么 shénme	What	你叫什么?
	的 de	's	你的 / 你们的。
动词 Verb	知道 zhīdào	To know	我知道你。
	打 dǎ	To play	我们打篮球。
	叫 jiào	Be Called	我叫阿飞。
	走 zǒu	Go	我们走。

续表

词性	单词	英文	例句
副词 Adverb	不 bù	Not	不是。
	一起 yìqǐ	Together	我们一起走。
语气词 Modal	啊 á	surprise	啊？
	吧 ba	approval	是吧。
常用语 Common Phrases	对不起 duìbùqǐ	Sorry	对不起。
	没关系 méi guānxi	Not at all	没关系。
	太好了! tài hǎo le	Great	你们太好了!

第三课　你今年多大了？

词性	单词	英文	例句
名词 Noun	同学 tóngxué	Classmate	我的同学。
	今年 jīn nián	This year	他今年多大了？
	岁 suì	Year	我三岁。
	阿南 Ā Nán	Name	阿南，你好。

续表

词性	单词	英文	例句
代词 Pronoun	他 tā	He	他十三岁。
	她 tā	She	她十二岁。
	这 zhè	This	这是我。
数量词 Numeral/ Measure	一 yī	One	来了一个同学。
	十二 shí'èr	Twelve	我们有十二个老师。
	个 gè	Measure	他有三个名字。
动词 Verb	认识 rènshí	Recognize	我认识他。
	请 qǐng	Please	请你帮助我。
	帮助 bāngzhù	Help	我帮助他。
形容词 Adjective	新 xīn	New	这是新同学。
	高兴 gāoxìng	Happy	她很高兴。
副词 Adverb	也 yě	Too	我也很高兴。
常用语 Common Phrases	没问题 méi wèntí	No problem	这个没问题。
	多大了? duō dà le	How old？	你多大了？

Dì- èr dān yuán
第二单元
rèn shí xīn péng you
认识新朋友

LESSON 1
第一课

Nǐ shì nǎ guó rén
你是哪国人？

kè wén
课文

Ā Xìn lǎo shī hěn yǒu yì sī　wǒ men cháng cháng yī qǐ liáo tiān　kāi wán xiào　wǒ hěn xǐ huān tā
阿信老师很有意思，我们常常一起聊天、开玩笑，我很喜欢他。

Ā Xìn　　Ā Fēi　nǐ shì nǎ guó rén
阿信：阿飞，你是哪国人？

Ā Fēi　Wǒ shì Ā sāi bài jiāng rén
阿飞：我是阿塞拜疆人。

Ā Xìn　Nǐ rèn shí Mǎ xiǎo lóng ma　Tā shì Tǔ' ěr qí rén
阿信：你认识马小龙吗？他是土耳其人。

Ā Fēi　Bù rèn shí　Nín wéi shén me zhè me wèn
阿飞：不认识。您为什么这么问？

Ā Xìn　Wǒ xiǎng jiè shào nǐ men rèn shí　tā hěn huì dǎ lán qiú
阿信：我想介绍你们认识，他很会打篮球。

Ā Fēi　Shì ma　Nà wǒ yìng gāi hé tā rèn shí yī xià
阿飞：是吗？那我应该和他认识一下。

Ā Xìn　Hǎo　wǒ men xià cì yī qǐ dǎ qiú
阿信：好，我们下次一起打球。

Ā Fēi　Méi wèn tí　xiè xie nín
阿飞：没问题，谢谢您！

Ā Xìn　Bù kè qì
阿信：不客气！

一、你的生词
nǐ de shēng cí

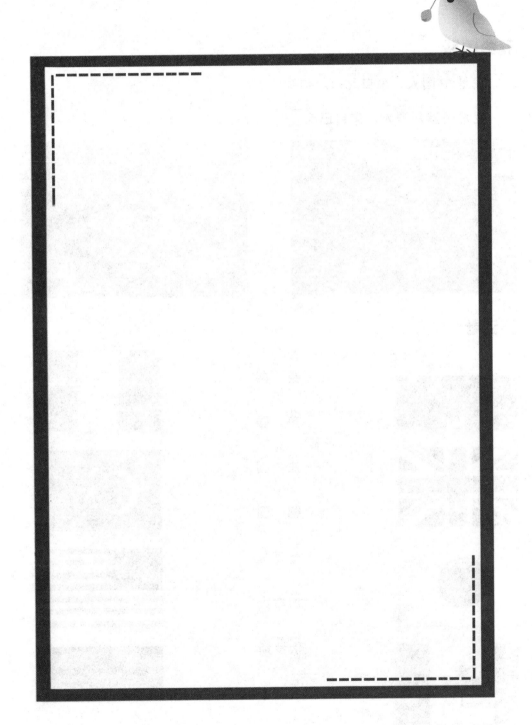

二、回答问题：你是哪国人？
huí dá wèn tí　　nǐ shì nǎ guó rén

我的国籍
wǒ de guó jí

我是中国人，来自北京。你呢？
Wǒ shì Zhōng guó rén　　lái zì Běi jīng　　Nǐ ne

我是阿塞拜疆人，来自巴库。
Wǒ shì Ā sāi bài jiāng rén　　lái zì Bā kù

连连看
lián lián kàn

英国　Yīng guó

美国　Měi guó

法国　Fǎ guó

德国　Dé guó

土耳其　Tǔ ěr qí

加拿大　Jiā ná dà

俄罗斯　É luó sī

日本　Rì běn

三、抄写句子
chāo xiě jù zi

Nǐ shì nǎ guó rén
你是哪国人？ Which country are you from？

Wǒ shì Zhōng guó rén
我是中国人。I'm Chinese.

Wǒ shì Ā sāi bài jiāng rén
我是阿塞拜疆人。I'm Azerbaijanis.

LESSON 2

第二课

wǒ shì xué sheng
我是学生

我的身份 my identity ✕

Wǒ shì xuéshēng Wǒ bù
我是学生。我不
huì xiě hàn zì   nǐ ne
会写汉字，你呢？

kè wén
课文

Hàn zì fēi cháng nán　　　Ā Qìn lǎo shī bù zài xué xiào　　　wǒ qǐng Ā Nán bāngmáng
汉字非常难。阿沁老师不在学校，我请阿南帮忙。

Míng tiān wǒ qù Ā Nán jiā xiě zuò yè
明天我去阿南家写作业。

Ā Fēi　　Ā Nán　　Ā Qìn lǎo shī ne
阿飞：阿南，阿沁老师呢？

Ā Nán　　Ā Qìn lǎo shī jīn tiān bù zài xué xiào
阿南：阿沁老师今天不在学校。

Ā Fēi　　Wèi shén me
阿飞：为什么？

Ā Nán　　Ā Qìn lǎo shī qù Guāngmíngzhōng xué le
阿南：阿沁老师去光明中学了。

Ā Fēi　　Wǒ yǒu xiē hàn zì bù huì xiě　　zěn me bàn
阿飞：我有些汉字不会写，怎么办？

Ā Nán　　Ā Qìn lǎo shī hěn máng　　nà wǒ bāng nǐ ba
阿南：阿沁老师很忙，那我帮你吧。

Ā Fēi　　Tài hǎo le　　Nǐ shì zuì hǎo de péng yǒu
阿飞：太好了！你是最好的朋友。

Ā Nán　　Á　　zhè me duō ā
阿南：啊，这么多啊？

Ā Fēi　　Hā hā hā　　shì de　　wǒ yǒu hěn duō hàn zì bù huì xiě
阿飞：哈哈哈，是的，我有很多汉字不会写。

Ā Nán　　Jiā yóu ba
阿南：加油吧！

一、你的生词

二、回答问题：你是谁？
huí dá wèn tí　　nǐ shì shuí

社会关系
shè huì guān xì

在学校
zài xué xiào

老师和学生
lǎo shī hé xué sheng

她是陈老师，我是她的学生。
Tā shì Chén lǎo shī　　wǒ shì tā de xué sheng

在咖啡馆
zài kā fēi guǎn

我和朋友
wǒ hé péng yǒu

她是我的朋友，我们都是学生。
Tā shì wǒ de péng yǒu　　wǒ men dōu shì xué sheng

在车上
zài chē shàng

司机和乘客
sī jī hé chéng kè

他是司机，我是乘客。
Tā shì sī jī　　wǒ shì chéng kè

zài yī yuàn
在医院

yī shēng hé bìng rén
医生和病人

Tā shì Lǐ yī shēng wǒ shì tā de bìng rén
他是李医生，我是他的病人。

zài gōngchǎng
在工厂

lǎo bǎn hé gōng rén
老板和工人

Tā shì lǎo bǎn wǒ shì gōng rén
他是老板，我是工人。

chāo xiě jù zi
三、抄写句子

Wǒ shì xué sheng
我是学生。I'm a student.

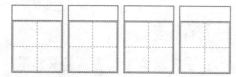

Lǎo shī bù zài xué xiào
老师不在学校。The teacher is not at school.

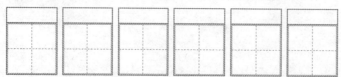

Wǒ bù huì xiě hàn zì
我不会写汉字。I can't write Chinese characters.

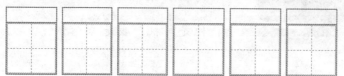

LESSON 3
第三课

Tā shì shuí
她是谁？

我的家人 my family ✕

Nǐ men hǎo   wǒ jiào
你们好，我叫
Ā Dōng Wǒ shì Ā Nán de jiě
阿冬。我是阿南的姐
jiě   jīn nián shí wǔ suì
姐，今年十五岁。

kè wén
课文

Jīn tiān wǒ rèn shí le Ā Nán de jiě jie Ā Dōng   Ā Dōng jiě jie jīn nián shí wǔ suì   tā hěn piào liàng
今天我认识了阿南的姐姐阿冬。阿冬姐姐今年十五岁，她很漂亮。

Ā Dōng   Nǐ men hǎo
阿冬：你们好！

Ā Fēi   Nǐ hǎo
阿飞：你好！

Ā Nán   Ā Fēi   nǐ zhī dào tā shì shuí ma
阿南：阿飞，你知道她是谁吗？

Ā Fēi   Wǒ bù zhī dào   Dàn shì nǐ men zhǎng dé hěn xiàng
阿飞：我不知道。但是你们长得很像。

Ā Nán   Hā hā hā   dāng rán   tā shì wǒ de jiě jie
阿南：哈哈哈，当然，她是我的姐姐。

Ā Fēi   Jiě jie hǎo   wǒ shì Ā Nán de xīn tóng xué Ā Fēi
阿飞：姐姐好，我是阿南的新同学阿飞。

Ā Dōng   Nǐ jiù shì Ā Fēi ā   Ā Fēi   nǐ shì nǎ guó rén
阿冬：你就是阿飞啊。阿飞，你是哪国人？

Ā Fēi   Jiě jie   wǒ shì Ā sāi bài jiāng rén   cóng Bā kù lái
阿飞：姐姐，我是阿塞拜疆人，从巴库来。

Ā Dōng   Bā kù zài nǎ ér
阿冬：巴库在哪儿？

Ā Fēi   Bā kù zài lǐ hǎi biān   shì Ā sāi bài jiāng de shǒu dōu
阿飞：巴库在里海边，是阿塞拜疆的首都。

Ā Dōng   Nǐ jīn nián duō dà le
阿冬：你今年多大了？

Ā Fēi   Wǒ jīn nián shí' èr suì
阿飞：我今年十二岁。

Ā Dōng   Nà nǐ men yī yàng dà   dōu shì shí' èr suì   Tài hǎo le
阿冬：那你们一样大，都是十二岁。太好了！

Hěn gāo xīng rèn shí nǐ   huān yíng nǐ cháng lái wán
很高兴认识你，欢迎你常来玩。

Ā Fēi   Xiè xie jiě jie   wǒ yě hěn gāo xìng rèn shí nǐ
阿飞：谢谢姐姐，我也很高兴认识你。

一、你的生词

nǐ de shēng cí

二、回答问题：他是谁？
(huí dá wèn tí　tā shì shuí)

家庭关系
(jiā tíng guān xì)

xiě chū nǐ de jiā tíng shù
写出你的家庭树

tā shì wǒ de
他是我的 | yé | yé |

tā shì wǒ de
她是我的 | nǎi | nǎi |

tā shì wǒ de
他是我的 | bà | bà |

tā shì wǒ de
她是我的 | mā | mā |

family tree

三、chāo xiě jù zi抄写句子

Tā shì shuí
她是谁？ Who is she？

Wǒ de jiā rén
我的家人。My family.

Nǐ liǎ zhǎng dé hěn xiàng
你俩长得很像。You two look alike.

 生词表

第一课 你是哪国人？

词性	单词	英文	例句
名词 Noun	国 guó	Country	他要去美国。
	外国人 wàiguórén	Foreigner	他不是外国人。
	阿塞拜疆 Āsàibàijiāng	Azerbaijan	我是阿塞拜疆人。
	中国 Zhōngguó	China	他是中国人。
	土耳其 Tǔ'ěrqí	Turkey	他是土耳其人。
代词 Pronoun	哪 nǎ	Which	你是哪国人？
动词 Verb	聊 liáo	Chat	聊天。
	喜欢 xǐhuan	Like	我喜欢聊天。
	认识 rènshi	Acquaint	我认识他。
	问 wèn	Ask	你去问老师。
	想 xiǎng	Would like	我想回家。
	介绍 jièshào	Introduce	他向我们介绍了中国。
	会 huì	Can	她会写汉字。
	应该 yīnggāi	Should	他应该学习。
副词 Adverb	这么 zhè me	This way	你可以这么想。

续表

词性	单词	英文	例句
常用语 Common Phrases	开玩笑 kāiwánxiào	Kidding	我开玩笑的。
	下次 xiàcì	Next time	我下次来。
	不客气 búkèqi	You're Welcome.	谢谢。 不客气。
	为什么 wèishénme	Why?	为什么不喜欢？

第二课 我是学生

词性	单词	英文	例句
名词 Noun	家 jiā	Home	去你家吧。
	明天 míngtiān	Tomorrow	明天我帮你。
	学校 xuéxiào	School	我的学校。
	汉字 hànzì	Character	我不会写汉字。
	作业 zuòyè	Homework	晚上我要写作业。
	中学 zhōngxué	Middle school	他上中学。
	朋友 péngyou	Friend	她的朋友。
数词 Numeral	有些 yǒu xiē	Some	我有些朋友。
动词 Verb	会 huì	Can	他会汉语。
	去 qù	Go to	我去中国。
	写 xiě	Write	弟弟刚刚会写字。

续表

词性	单词	英文	例句
形容词 Adjective	难 nán	Difficult	汉字很难。
	忙 máng	Busy	他很忙。
	多 duō	Many	同学很多。
介词 Preposition	在 zài	At	我在家。
常用语 Common Phrases	怎么办？zěnmebàn	What to do？	你怎么办？
	加油吧！jiāyóuba	Come on！	我们加油吧！
	最好的 zuìhǎode	The best	你是最好的！

第三课　她是谁？

词性	单词	英文	例句
名词 Noun	姐姐 jiějie	Elder sister	他姐姐。
	阿冬 Ā Dōng	Girl's Name	她是阿冬。
	巴库 Bākù	Baku	阿塞拜疆首都是巴库。
	里海 Lǐhǎi	Caspian sea	巴库在里海边。
	边 biān	Side	走这边。
数词 Numeral	十五 shíwǔ	Fifteen	我十五岁。
代词 Pronoun	谁 shuí	Who？	你是谁？

词性	单词	英文	例句
动词 Verb	想 xiǎng	Miss	我想家了。
	欢迎 huānyíng	Welcome	欢迎你来中国。
	玩 wán	Have fun	来我家玩。
	来 lái	Come	请老师来。
	长 zhǎng	Grow	你俩长得很像。
形容词 Adjective	漂亮 piàoliang	Beautiful	她很漂亮。
	一样 yíyàng	Same	我们一样。
	大 dà	Big	我大一岁。
副词 Adverb	有点儿 yóu diánr	Kind of	我有点儿忙。
	但是 dànshì	But	但是他不在。
	就是 jiù shì	Exactly	我就是老师。
	从 cóng	From	你从哪儿来？
常用语 Common Phrases	在哪儿 zài nǎr	Where？	你在哪儿？

Dì-sān dān yuán
第三单元
gěi tā dǎ diàn huà
给她打电话

LESSON 1
第一课

Nín zài nǎr
您在哪儿？

问地点 ask the location

Ā Qìn lǎo shī　nín
阿沁老师，您
zài nǎr
在哪儿？

kè wén
课文

Ā Qìn lǎo shī bù zài xué xiào wǒ gěi tā dǎ diàn huà
阿沁老师不在学校，我给她打电话。

Tā shuō tā zài Guāngmíngzhōng xué míng tiān huí lái Wǒ hěn kāi xīn
她说她在光明中学，明天回来。我很开心。

Ā Qìn Wèi nǐ hǎo nǎ wèi
阿沁：喂，你好，哪位？

Ā Fēi Ā Qìn lǎo shī shì wǒ Ā Fēi
阿飞：阿沁老师，是我，阿飞。

Ā Qìn Ā Fēi a nǐ yǒu shén me shì
阿沁：阿飞啊，你有什么事？

Ā Fēi Ā Qìn lǎo shī nín xiàn zài zài nǎr
阿飞：阿沁老师，您现在在哪儿？

Ā Qìn Wǒ zài Guāngmíngzhōng xué shàng kè
阿沁：我在光明中学上课。

Ā Fēi Wǒ xiǎng jiàn nín kě shì nín bù zài xué xiào
阿飞：我想见您，可是您不在学校。

Ā Qìn Bù yào zháo jí wǒ míng tiān huí xué xiào
阿沁：不要着急，我明天回学校。

Ā Fēi Nà míng tiān wǒ qù chē zhàn jiē nín
阿飞：那明天我去车站接您。

Ā Qìn Nà wǒ men shí' èr diǎn zài chē zhàn jiàn ba
阿沁：那我们十二点在车站见吧。

Ā Fēi Hǎo míng tiān jiàn
阿飞：好，明天见！

一、你的生词

二、回答问题：你在哪儿？
_{huí dá wèn tí　　nǐ zài nǎr}

地点歌
_{dì diǎn gē}

你好，蕾拉，你在哪儿？
_{Nǐ hǎo　Léi Lā　nǐ zài nǎr}

我在学校上课呀。
_{Wǒ zài xué xiào shàng kè ya}

你好，阿里，你在哪儿？
_{Nǐ hǎo　Ā Lǐ　nǐ zài nǎr}

我在超市买牛奶。
_{Wǒ zài chāo shì mǎi niú nǎi}

学校
_{xué xiào}

超市
_{chāo shì}

教室
_{jiào shì}

办公室
_{bàn gōng shì}

82

gōng yuán
公园

yóu lè yuán
游乐园

yín xíng
银行

kā fēi guǎn
咖啡馆

yī yuàn
医院

huǒ chē zhàn
火车站

chāo xiě jù zi
三、抄写句子

Nǐ xiàn zài zài nǎr
你现在在哪儿？ Where are you now?

Wǒ zài Guāngmíngzhōng xué
我在光明中学。I'm in Guangming Middle School.

Wǒ huì gěi tā dǎ diàn huà
我会给她打电话。I'll call her.

LESSON 2
第二课

Xiàn zài jǐ diǎn
现在几点?

kè wén
课文

Jīn tiān wǒ hé Ā Nán yī qǐ qù jiē Ā Qìn lǎo shī zhōng wǔ shí yī diǎn bàn wǒ men dào le chē zhàn
今天我和阿南一起去接阿沁老师，中午十一点半我们到了车站。

Ā Fēi Xiàn zài jǐ diǎn
阿飞：现在几点？

Ā Nán Shí yī diǎn bàn le Ā Qìn lǎo shī jǐ diǎn dào zhèr
阿南：十一点半了。阿沁老师几点到这儿？

Ā Fēi Ā Qìn lǎo shī shuō tā shí èr diǎn dào
阿飞：阿沁老师说，她十二点到。

Ā Nán Nǐ zài gěi Ā Qìn lǎo shī dǎ gè diàn huà ba
阿南：你再给阿沁老师打个电话吧。

Ā Fēi Ā Nǐ dǎ ba wǒ bù hǎo yì si dǎ
阿飞：啊？你打吧，我不好意思打。

Ā Nán Hǎo wǒ dǎ Fàng xīn ba Ā Qìn lǎo shī mǎ shàng dào
阿南：好，我打。放心吧，阿沁老师马上到。

Ā Qìn Ā Fēi Ā Nán xiè xie nǐ men lái jiē wǒ
阿沁：阿飞、阿南，谢谢你们来接我。

xué shēng men Bù kè qì qīn' ài de lǎo shī
学生们：不客气，亲爱的老师。

Ā qìn Wǒ men yī qǐ qù chī fàn ba
阿沁：我们一起去吃饭吧。

xué shēng men Hǎo a tài bàng le xiè xie lǎo shī
学生们：好啊，太棒了，谢谢老师！

一、你的生词
nǐ de shēng cí

二、回答问题：你几点到车站？
huí dá wèn tí　　nǐ jǐ diǎn dào chē zhàn

问时间
wènshí jiān

你几点到家？
Nǐ jǐ diǎn dào jiā

我三点半到家。
Wǒ sān diǎn bàn dào jiā

你几点到学校？
Nǐ jǐ diǎn dào xué xiào

我两点到学校。
Wǒ liǎng diǎn dào xué xiào

常用地点名词和时间词
cháng yòng dì diǎnmíng cí hé shí jiān cí

地点	时间	地点	时间	地点	时间
学校 xué xiào	上午八点 shàng wǔ bā diǎn 8：00am	教室 jiào shì	上午七点半 shàng wǔ qī diǎn bàn 7：30am	办公室 bàn gōng shì	下午四点 xià wǔ sì diǎn 4：00pm
银行 yín háng	上午九点 shàng wǔ jiǔ diǎn 9：00am	公园 gōng yuán	上午差十分十一点 shàng wǔ chà shí fēn shí yī diǎn 10：50am	游乐园 yóu lè yuán	下午五点 xià wǔ wǔ diǎn 5：00pm
超市 chāo shì	上午十点 shàng wǔ shí diǎn 10：00am	公司 gōng sī	下午一点一刻 xià wǔ yī diǎn yī kè 1：15pm	咖啡馆 kā fēi guǎn	下午六点 xià wǔ liù diǎn 6：00pm
医院 yī yuàn	下午两点 xià wǔ liǎng diǎn 2：00pm	车站 chē zhàn	下午三点二十分 xià wǔ sān diǎn èr shí fēn 3：20pm	餐馆 cān guǎn	中午十二点 zhōng wǔ shí' èr diǎn 12：00

chāo xiě jù zi
三、抄写句子

Xiàn zài jǐ diǎn
现在几点？ What's the time now？

Tā shí èr diǎn dào
她十二点到。 She will arrive at twelve o'clock.

Xiè xie nǐ lái jiē wǒ
谢谢你来接我！ Thank you for picking me up!

LESSON 3

第三课

Jīn tiān xīng qī jǐ
今天星期几？

问日期 ask for the date ✕

Duì bù qǐ　wǒ wàng
对不起，我忘
jì le　　Xià gè xīng qī liù
记了。下个星期六
yī qǐ ba
一起吧。

kè wén
课文

Měi gè xīng qī liù wǒ dōu hé Ā Xìn lǎo shī yī qǐ dǎ lán qiú　dàn shì jīn tiān lǎo shī méi yǒu lái
每个星期六我都和阿信老师一起打篮球，但是今天老师没有来。

Bù kāi xīn de yī tiān
不开心的一天。

Ā Xìn　Wèi　nǐ hǎo　nǎ wèi
阿信：喂，你好，哪位？

Ā Fēi　Ā Xìn lǎo shī　shì wǒ　Ā Fēi
阿飞：阿信老师，是我，阿飞。

Ā Xìn　Ā Fēi ā　nǐ jīn tiān zěn me yàng
阿信：阿飞啊，你今天怎么样？

Ā Fēi　Wǒ bù hǎo　Lǎo shī　nín jīn tiān wéi shén me méi lái
阿飞：我不好。老师，您今天为什么没来？

Ā Xìn　Méi lái　Qù nǎr　a
阿信：没来？去哪儿啊？

Ā Fēi　Lán qiú guǎn a　měi gè xīng qī liù wǒ men dōu zài yī qǐ dǎ lán qiú ā
阿飞：篮球馆啊，每个星期六我们都在一起打篮球啊。

Ā Xìn　Ā　jīn tiān xīng qī jǐ　Jīn tiān shì xīng qī liù ma
阿信：啊，今天星期几？今天是星期六吗？

Ā Fēi　Duì a　jīn tiān xīng qī liù
阿飞：对啊，今天星期六。

Ā Xìn　Duì bù qǐ　Ā Fēi　wǒ wàng jì le
阿信：对不起，阿飞，我忘记了。

Ā Fēi　Lǎo shī　wǒ kū le
阿飞：老师，我哭了。

一、你的生词

二、回答问题：今天星期几？
huí dá wèn tí　　jīn tiān xīng qī jǐ

问日期：年 / 月 / 日
wèn rì qī　nián yuè rì

问：
wèn

今天是几月几日星期几？
Jīn tiān shì jǐ yuè jǐ rì xīng qī jǐ

一个星期有几天？
Yí gè xīng qī yǒu jǐ tiān

一个月有几个星期？
Yí gè yuè yǒu jǐ gè xīng qī

一年有几个月？
Yì nián yǒu jǐ gè yuè

一个月有多少天？
Yí gè yuè yǒu duō shǎo tiān

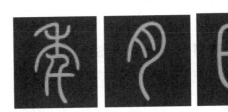

年 / 月 / 日	星期几
2023 年 1 月 2 日	星期一 Monday xīng qī yī
2023 年 2 月 7 日	星期二 Tuesday xīng qī' èr
2023 年 3 月 8 日	星期三 Wednesday xīng qī sān
2023 年 4 月 13 日	星期四 Thursday xīng qī sì
2023 年 5 月 19 日	星期五 Friday xīng qī wǔ
2023 年 6 月 24 日	星期六 Saturday xīng qī liù
2023 年 7 月 30 日	星期日 Sunday xīng qī rì

今天是二零二三年十一月九日，你的生日，祝你生日快乐！
Jīn tiān shì èr líng èr sān nián shí yī yuè jiǔ rì　nǐ de shēng rì　zhù nǐ shēng rì kuài lè

Today is your birthday November 9th 2023，happy birthday to you！

三、<ruby>抄<rt>chāo</rt></ruby><ruby>写<rt>xiě</rt></ruby><ruby>句<rt>jù</rt></ruby><ruby>子<rt>zi</rt></ruby>

<ruby>今<rt>Jīn</rt></ruby><ruby>天<rt>tiān</rt></ruby><ruby>星<rt>xīng</rt></ruby><ruby>期<rt>qī</rt></ruby><ruby>几<rt>jǐ</rt></ruby>？ What day is today?

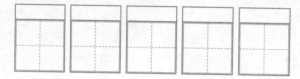

<ruby>今<rt>Jīn</rt></ruby><ruby>天<rt>tiān</rt></ruby><ruby>星<rt>xīng</rt></ruby><ruby>期<rt>qī</rt></ruby><ruby>六<rt>liù</rt></ruby>。Today is Saturday.

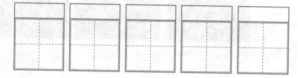

<ruby>星<rt>Xīng</rt></ruby><ruby>期<rt>qī</rt></ruby><ruby>六<rt>liù</rt></ruby><ruby>打<rt>dǎ</rt></ruby><ruby>篮<rt>lán</rt></ruby><ruby>球<rt>qiú</rt></ruby>。Play basketball on Saturday.

生词表

第一课 您在哪儿？

词性	单词	英文	例句
名词 Noun	车站 chēzhàn	Station	去车站。
	点 diǎn	Appointed time	已经十二点了。
	电话 diànhuà	Telephone	我要打电话。
	现在 xiànzài	Now	现在去。
动词 Verb	给 gěi	Give / To	给她作业。
	说 shuō	Speak	说什么？
	接 jiē	Pick up	接电话。
	回 huí	Return	我昨天回来。
	上 shàng	Attend	今天不上课。
	要 yào	Want	我不要。
形容词 Adjective	着急 zháojí	Worry	我很着急。
	开心 kāixīn	Happy	她不开心。

你好，巴库（初级）

续表

词性	单词	英文	例句
副词 Adverb	可是 kěshì	But	可是他不喜欢。
常用语 Common Phrases	哪位？ nǎwèi	Who is speaking？	你是哪位？
	有什么事？ yǒu shénme shì	What's the matter？	你有什么事？
	明天见！ míngtiān jiàn	See you tomorrow！	我们明天见！

第二课　现在几点？

词性	单词	英文	例句
名词 Noun	中午 zhōngwǔ	Noon	今天中午。
	这儿 zhèr	Here	她在这儿。
	半 bàn	Half of time	八点半。
	几 jǐ	How many	今天有几个人？
数词 Numeral	十一 shíyī	Eleven	他十一岁。
动词 Verb	到 dào	Arrive	我们到了。
副词 Adverb	再 zài	Again	明天再来。
	马上 mǎshàng	Right away	我马上到。

续表

词性	单词	英文	例句
虚词 Function Word	和 hé	And	你和我。
	了 le	Past Tense	他来了。
常用语 Common Phrases	不好意思 bùhǎoyìsi	Embarrassed	非常不好意思!
	放心吧 fàngxīn ba	Be easy	你放心吧!
	亲爱的 qīn'ài de	Dear	亲爱的爸爸。
	太棒了! tài bàng le	Awesome	你们太棒了!

第三课　今天星期几？

词性	单词	英文	例句
名词 Noun	星期 xīngqī	Week	这个星期很热。
	馆 guǎn	stadium	这里是体育馆。
数词 Numeral	六 liù	Six	明天是星期六。
	每 měi	Each	我们每个星期都会去超市。
动词 Verb	忘记 wàngjì	Forget	他忘记了。
	哭 kū	Cry	我们哭了。
形容词 Adjective	对 duì	Right	你是对的。

续表

词性	单词	英文	例句
副词 Adverb	没有 méi yǒu	No	她没有来。
常用语 Common Phrases	怎么样？ zěnmeyàng	How about it？	今天怎么样？
	去哪儿啊？ qù nǎr a？	Where are you going？	你们去哪儿啊？
	星期几？ xīngqījǐ？	what's the date？	今天星期几？

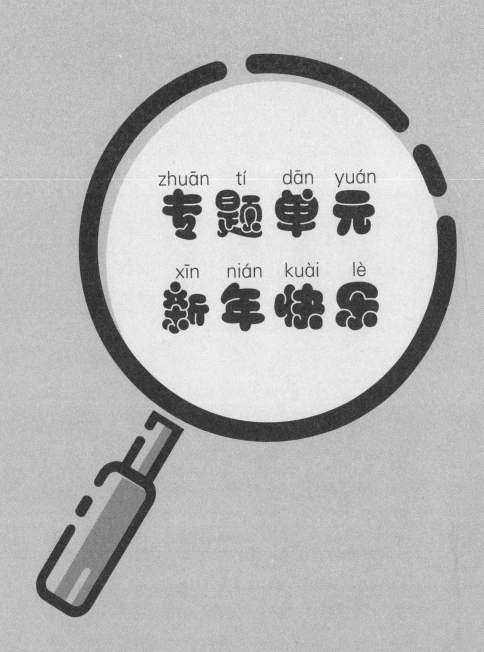

LESSON 1
第一课

wǒ de shēng xiāo
我的生肖

课文
kè wén

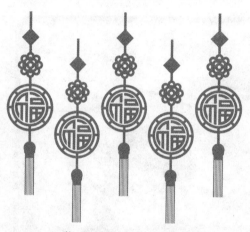

2022 年 1 月 31 日，是除夕夜。
nián yuè rì shì chú xī yè

阿沁老师请我们去她家吃饭。
Ā Qìn lǎo shī qǐng wǒ men qù tā jiā chī fàn

我很兴奋，这是我第一次去老师家做客。
Wǒ hěn xīng fèn zhè shì wǒ dì-yī cì qù lǎo shī jiā zuò kè

学生们：阿沁老师，我们来了！

阿沁：你们好，快进来吧！

阿飞：阿沁老师，这是阿塞拜疆的石榴汁，希望您喜欢。
祝您新年快乐！

阿沁：阿飞，你太客气了。很高兴你们能来。
今天晚上我们吃饺子，一起过除夕。

阿南：好啊，老师，您教我们包饺子吧。

阿沁：好，来吧。阿飞，你的生肖是什么？

阿飞：老师，生肖是什么意思？

阿冬：你是哪年出生的？

阿飞：我是2010年出生的。

阿冬：你是虎年出生的，你的生肖是虎。

阿飞：啊，原来生肖是这个意思啊。
阿冬姐姐，你的生肖是什么？

阿冬：我的生肖啊，是秘密，哈哈。

阿沁：好，饺子好了，大家都坐下吧。
我祝大家新年快乐，万事如意！

学生们：祝老师新年快乐，心想事成！

nǐ de shēng cí
一、你的生词

二、回答问题：你的生肖是什么？

十二生肖

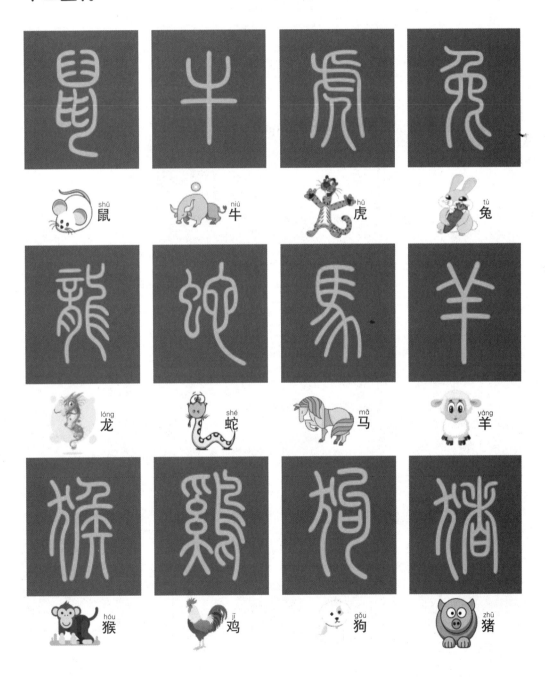

三、抄写句子
<small>chāo xiě jù zi</small>

<small>Chú xī chī jiǎo zǐ ba</small>
除夕吃饺子吧。Let's eat dumplings on New Year's Eva.

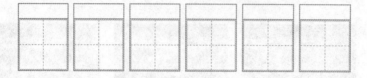

<small>Wǒ de shēng xiāo shì hǔ</small>
我的生肖是虎。My Chinese zodiac sign is tiger.

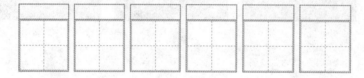

<small>Zhù nǐ xīn nián kuài lè</small>
祝你新年快乐！Happy new year to you.

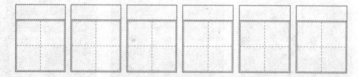

LESSON 2
第二课

tā xǐ huan hóng sè
她喜欢红色

kè wén
课文

Jīn tiān shì chūn jié dì- yī tiān   wǒ hé Ā Nán yī qǐ qù shāng chǎng
今天是春节第一天，我和阿南一起去商场。

Shāng chǎng rén hěn duō   yǒu de mǎi yī fu   yǒu de kàn diàn yǐng   yǒu de jù cān   fēi cháng rè nào
商场人很多，有的买衣服，有的看电影，有的聚餐，非常热闹。

Ā Fēi   Ā Nán   wǒ yǒu yī gè wèn tí
阿飞：阿南，我有一个问题。

Ā Nán   Nǐ shuō
阿南：你说。

Ā Fēi   Wèi shén me nǐ jīn tiān chuān le hóng sè de yī fu
阿飞：为什么你今天穿了红色的衣服？

Ā Nán   Yīn wéi hóng sè shì xìng yùn de yán sè   Nǐ zhī dào nián de gù shi ma
阿南：因为红色是幸运的颜色。你知道年的故事吗？

Ā Fēi   Bù zhī dào
阿飞：不知道。

Ā Nán   Méi guān xi   Wǒ yī biān zǒu yī biān gào su nǐ   Hěn jiǔ yǐ qián   yǒu yī zhī
阿南：没关系。我一边走一边告诉你。很久以前，有一只
guài shòu jiào nián   rén men hěn hài pà tā   Hòu lái rén men fā xiàn nián hài pà hóng
怪兽叫年，人们很害怕它。后来人们发现年害怕红
sè   suǒ yǐ rén men chuān zhe hóng sè de yī fu chū mén   nián jiù pǎo le
色，所以人们穿着红色的衣服出门，年就跑了。

Ā Fēi   Yuán lái shì zhè yàng ā   Wǒ dǒng le   Wǒ yě xiǎng mǎi yī jiàn hóng sè de yī
阿飞：原来是这样啊。我懂了。我也想买一件红色的衣
fu   xīn nián yǒu hǎo yùn qì
服，新年有好运气。

Ā Nán   Zǒu ba   wǒ péi nǐ yī qǐ qù
阿南：走吧，我陪你一起去。

Ā Fēi   Nǐ tài gòu yì sī le   Zhè jiàn zěn me yàng
阿飞：你太够意思了！这件怎么样？

Ā Nán   Zhè jiàn tài hóng le
阿南：这件太红了！

Ā Fēi   Hóng sè bù hǎo ma   Wǒ xǐ huan hóng sè
阿飞：红色不好吗？我喜欢红色。

一、你的生词

nǐ de shēng cí

二、回答问题：你喜欢什么颜色？
huí dá wèn tí　　nǐ xǐ huanshén me yán sè

五颜六色
wǔ yán liù sè

黑　　　　　　　白
hēi　　　　　　　bái

红　橙　黄　绿　青　蓝　紫
hóng　chéng　huáng　lǜ　qīng　lán　zǐ

三、抄写句子
chāo xiě jù zi

一起去商场。Let's go shopping together.
Yì qǐ qù shāngchǎng

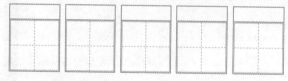

这件怎么样？How about this one?
Zhè jiàn zěn me yàng

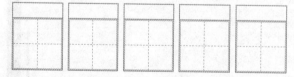

我喜欢红色。I like red.
Wǒ xǐ huanhóng sè

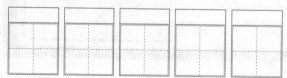

LESSON 3
第三课

Tā chuān shén me
他穿什么？

衣着打扮 dress up

> Wǒ xǐ huan hēi sè Ā
> 我喜欢黑色。阿
> Nán yě xǐ huan hēi sè Jīn tiān
> 南也喜欢黑色。今天
> nǐ chuān shén me
> 你穿什么？

kè wén
课文

Jīn tiān shì yuán xiāo jié wǒ men yī qǐ qù gōngyuán kàn dēng
今天是元宵节，我们一起去公园看灯。

Ā Qìn lǎo shī shuō wǎn shang hěn lěng yào duō chuān diǎnr yī fu Wǒ bú pà lěng
阿沁老师说晚上很冷，要多穿点儿衣服。我不怕冷。

Ā Dōng Ā Fēi nǐ jīn tiān hěn shuài a
阿冬：阿飞，你今天很帅啊！

Ā Fēi Xiè xie Zhè jiàn hēi sè fēng yī shì Ā Nán péi wǒ mǎi de
阿飞：谢谢。这件黑色风衣是阿南陪我买的。

Ā Nán Kě shì jīn tiān hěn lěng nǐ bù lěng ma
阿南：可是今天很冷，你不冷吗？

Ā Dōng Hā hā chuān zhe xīn fēng yī zěn me huì lěng
阿冬：哈哈，穿着新风衣，怎么会冷？

Ā Fēi Wǒ bú pà lěng Nǐ men kàn duō piào liàng de dēng a
阿飞：我不怕冷。你们看，多漂亮的灯啊！

Ā Nán Yī jiā yī cāi yí gè hàn zì Ā Fēi nǐ zhī dào zhè ge dēng mí
阿南："一加一"，猜一个汉字。阿飞，你知道这个灯谜

shì shén me ma
是什么吗？

Ā Fēi Dēng mí shì shén me wǒ bù dǒng
阿飞：灯谜是什么？我不懂。

Ā Nán Nǐ kàn yī jiā yī jiù shì wáng zì a
阿南：你看，"一加一"，就是"王"字啊。

Ā Fēi Zhēn de a zhè ge tài hǎo wán le wǒ yě xiǎng shì shì
阿飞：真的啊，这个太好玩了，我也想试试。

Ā Nán Hǎo wǒ kǎo nǐ yí gè rén zài yún shàng zǒu
阿南：好，我考你一个，"人在云上走"。

Ā Fēi Rén yún wǒ zhī dào le shì huì zì
阿飞："人、云"，我知道了，是"会"字。

Ā Nán Bù cuò o xiǎo huǒ zǐ
阿南：不错哦，小伙子！

Ā Fēi Hā hā hā wǒ yíng le yí gè lán sè de xiǎo dēng long
阿飞：哈哈哈，我赢了一个蓝色的小灯笼。

Ā Dōng Jīn tiān wán de hěn kāi xīn ba yuán xiāo jié kuài lè
阿冬：今天玩得很开心吧，元宵节快乐！

一、你的生词

nǐ de shēng cí

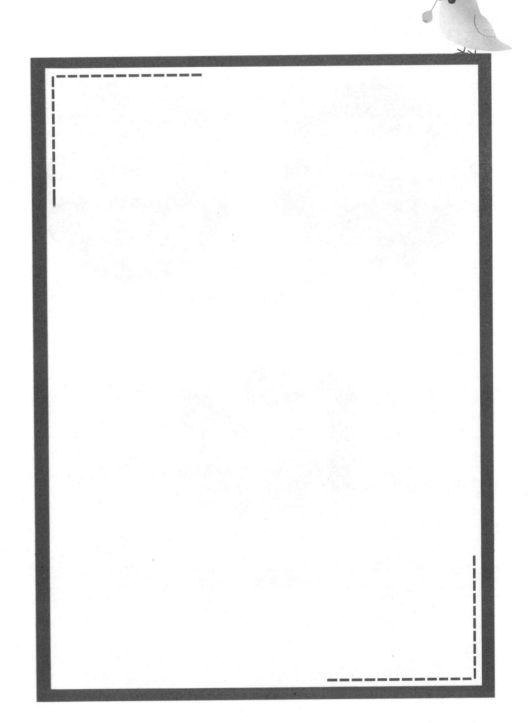

二、回答问题：你喜欢什么节日习俗？
huí dá wèn tí　　　nǐ xǐ huanshén me jié rì xí sú

中国节日
Zhōng guó jié rì

春节
chūn jié

元宵节
yuán xiāo jié

qí fú
祈福

tiē fú zì
贴福字

diǎn chángmíngdēng
点长明灯

guà wǔ dì qián
挂五帝钱

dài miàn jù
戴面具

cāi dēng mí
猜灯谜

wǔ shī
舞狮

fā hóng bāo
发红包

jì sì
祭祀

fén xiāng
焚香

chī tāng yuán
吃汤圆

bāo jiǎo zǐ
包饺子

zhēng nián gāo
蒸年糕

三、抄写句子
chāo xiě jù zi

你今天很帅啊！ You look good today！
Nǐ jīn tiān hěn shuài a

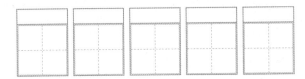

穿着新风衣。Wearing the new trench coat.
Chuān zhe xīn fēng yī

我也想试试。 I'd like to try it too.
Wǒ yě xiǎng shì shi

Dì- sì dān yuán

第四单元

wǒ xǐ huan chī shuǐ guǒ

我喜欢吃水果

LESSON 1
第一课

Nǐ mǎi shén me
你买什么？

kè wén
课文

Shàng gè xīng qī liù shì wǒ de shēng rì   Ā Xìn wàng le hé Ā Fēi yī qǐ qù dǎ lán qiú
上个星期六是我的生日，阿信忘了和阿飞 一起去打篮球。

Wǒ men dǎ suàn qǐng tā chī fàn
我们打算请他吃饭。

Ā Qìn   Ā Xìn   nǐ qù nǎ ér
阿沁：阿信，你去哪儿？

Ā Xìn   Wǒ qù chāo shì mǎi dōng xī
阿信：我去超市买东西。

Ā Qìn   Nǐ mǎi shén me
阿沁：你买什么？

Ā Xìn   Wǒ mǎi niú ròu   míng tiān qǐng Ā Fēi chī shāo kǎo
阿信：我买牛肉，明天请阿飞吃烧烤。

Ā Qìn   Ò   yīn wèi shàng cì nǐ wàng jì hé tā qù dǎ qiú le
阿沁：哦，因为上次你忘记和他去打球了。

Ā Xìn   Shì a   nà tiān zhèng hǎo shì nǐ de shēng rì ma
阿信：是啊，那天正好是你的生日嘛。

Ā Qìn   Hā hā   shì wǒ de bú duì   wǒ yě qù chāo shì ba
阿沁：哈哈，是我的不对，我也去超市吧。

Ā Xìn   Zěn me huì   Nǐ de shēng rì zuì zhòng yào
阿信：怎么会？你的生日最重要。

Ā Qìn   Zhī dào   Wǒ men mǎi diǎnr ròu   zài mǎi diǎnr   shū cài hé shuǐ guǒ ba
阿沁：知道。我们买点儿肉，再买点儿蔬菜和水果吧。

Ā Xìn   Hǎo   zǒu ba
阿信：好，走吧。

nǐ de shēng cí
一、你的生词

二、回答问题：你去超市买什么？
huí dá wèn tí   nǐ qù chāo shì mǎi shén me

买东西
mǎi dōng xī

肉
ròu

鱼肉　　　　鸡肉　　　　牛肉　　　　羊肉
yú ròu　　　jī ròu　　　niú ròu　　　yáng ròu

蔬菜（连连看）
shū cài   lián lián kàn

| 西红柿 | 黄瓜 | 包菜 | 胡萝卜 | 茄子 | 西葫芦 |
| xǐ hóng shì | huáng guā | bāo cài | hú luó bǔ | qié zǐ | xǐ hú lú |

| 大蒜 | 葱 | 辣椒 | 土豆 | 牛油果 | 洋葱 |
| dà suàn | cōng | là jiāo | tǔ dòu | niú yóu guǒ | yáng cōng |

三、抄写句子

chāo xiě jù zi

Qù chāo shì mǎi dōng xi
去超市买东西。Go shopping at the supermarket.

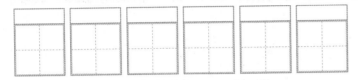

Nǐ mǎi shén me
你买什么？ What do you buy?

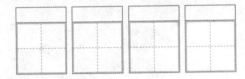

Mǎi diǎnr ròu hé shū cài
买点儿肉和蔬菜。Buy some meat and vegetables.

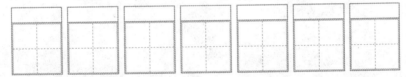

LESSON 2
第二课

Nǐ xǐ huan chī shén me
你喜欢吃什么？

吃东西 eating

Wǒ xǐ huan chī
我喜欢吃
shí liu hé yīng táo
石榴和樱桃。

kè wén
课文

Wǎnshàng qǐ diǎn wǒ hé lǎo shī men yī qǐ qù gōngyuán   wǒ xǐ huan chī tǔ dòu hé yīng táo   jīn tiān de shāo kǎo
晚上七点我和老师们一起去公园，我喜欢吃土豆和樱桃，今天的烧烤

tài bàng le
太棒了！

Ā Fēi   Ā Xìn lǎo shī   nín xǐ huan chī shén me
阿飞：阿信老师，您喜欢吃什么？

Ā Xìn   Wǒ xǐ huan chī niú ròu
阿信：我喜欢吃牛肉。

Ā Fēi   Ā Qìn lǎo shī   nín chī pú tao ma
阿飞：阿沁老师，您吃葡萄吗？

Ā Qìn   Wǒ xǐ huan chī píng guǒ
阿沁：我喜欢吃苹果。

Ā Fēi   Lǎo shī   gěi nín niú ròu   gěi nín píng guǒ
阿飞：老师，给您牛肉，给您苹果。

Ā Xìn   Ā Fēi   nǐ xǐ huan chī shén me
阿信：阿飞，你喜欢吃什么？

Ā Fēi   Shuǐ guǒ hé ròu   wǒ dōu xǐ huan
阿飞：水果和肉，我都喜欢。

Ā Xìn   Hǎo   nà zhè xiē dōu gěi nǐ chī ba
阿信：好，那这些都给你吃吧。

Ā Fēi   Nà wǒ jiù bù kè qì le   kāi xīn
阿飞：那我就不客气了，开心。

Ā Qìn   Hā hā
阿沁：哈哈。

nǐ de shēng cí
一、你 的 生 词

二、回答问题：你喜欢吃什么？

huí dá wèn tí ... *nǐ xǐ huan chī shén me*
二、回答问题：你喜欢吃什么？

chī dōng xī
吃东西

mǐ fàn
米饭

shuǐguǒ   lián lián kàn
水果（连连看）

yīng táo
樱桃

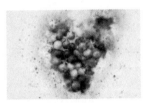

píng guǒ
苹果

táo zi
桃子

pú tao
葡萄

xī guā
西瓜

xiāng jiāo
香蕉

shí liu
石榴

chāo xiě jù zi
三、抄写句子

Nín xǐ huan chī shén me
您喜欢吃什么？ What would you like to eat?

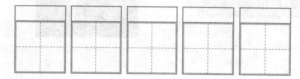

Nǐ chī pú tao ma
你吃葡萄吗？ Do you want some grapes?

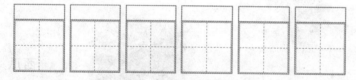

Wǒ xǐ huan chī niú ròu
我喜欢吃牛肉。 I like beef.

LESSON 3
第三课

Nǐ xiǎng hē shén me
你想喝什么?

喝东西 drinking

Wǒ xiǎng hē shí liu zhī
我想喝石榴汁。

kè wén
课文

Zhōng guó rén xǐ huan hē lǜ chá　dàn shì wǒ bù xǐ huan hē lǜ chá　Wǒ xǐ huan hē tián tián de shí liu zhī
中国人喜欢喝绿茶，但是我不喜欢喝绿茶。我喜欢喝甜甜的石榴汁。

Ā Nán　　　Ā Fēi　　nǐ hē lǜ chá ma
阿南：阿飞，你喝绿茶吗？

Ā Fēi　Wǒ bù hē　　lǜ chá tài kǔ le
阿飞：我不喝，绿茶太苦了！

Ā Nán　Lǜ chá duì shēn tǐ hěn hǎo
阿南：绿茶对身体很好。

Ā Fēi　Wèi shén me nǐ men hē chá bù jiā táng
阿飞：为什么你们喝茶不加糖？

Ā Nán　Wǒ men bù xí guàn jiā táng　Nà nǐ xiǎng hē shén me
阿南：我们不习惯加糖。那你想喝什么？

Ā Fēi　Wǒ xiǎng hē shí liu zhī　Nǐ hē guò Ā sāi bài jiāng de shí liú zhī ma
阿飞：我想喝石榴汁。你喝过阿塞拜疆的石榴汁吗？

Ā Nán　Méi hē guò　Shí liu zhī tián ma　Hē duō le huì pàng ma
阿南：没喝过。石榴汁甜吗？喝多了会胖吗？

Ā Fēi　Shí liu zhī hěn tián　dàn shì nǐ bù huì pàng　Tā duì xīn zàng hěn hǎo
阿飞：石榴汁很甜，但是你不会胖。它对心脏很好。

Ā Nán　Xià cì wǒ qù Ā sāi bài jiāng　nǐ qǐng wǒ hē ba
阿南：下次我去阿塞拜疆，你请我喝吧。

Ā Fēi　Méi wèn tí
阿飞：没问题。

一、你的生词

二、回答问题：你想喝什么？
huí dá wèn tí nǐ xiǎng hē shén me

喝东西
hē dōng xī

饮料 drinks
yǐn liào

番茄汁
fān qié zhī

樱桃汁
yīng táo zhī

西瓜汁
xī guā zhī

石榴汁
shí liu zhī

水　　茶　　汤　　牛奶　　咖啡　　可乐
shuǐ　chá　tāng　niú nǎi　kā fēi　kě lè

三、抄写句子
chāo xiě jù zi

你喝茶吗？ Would you like some tea?
Nǐ hē chá ma

你想喝什么？ What do you want to drink?
Nǐ xiǎng hē shén me

我不想喝绿茶。I don't want green tea.
Wǒ bù xiǎng hē lǜ chá

生词表

第一课　你买什么？

词性	单词	英文	例句
名词 Noun	生日 shēngrì	Birthday	她的生日。
	那天 nà tiān	That day	那天我在家。
	超市 chāoshì	Supermarket	他们去超市。
	东西 dōng xi	Things	我去买东西。
	牛肉 niúròu	Beef	他吃牛肉。
	烧烤 shāokǎo	Barbecue	吃烧烤。
	蔬菜 shūcài	Vegetable	多吃蔬菜。
	水果 shuǐ guǒ	Fruit	水果很甜。
数量词 Numeral/measure	上次 shàng cì	Last time	上次去中国
	点儿 diǎnr	A little bit	一点儿东西。
动词 Verb	打算 dǎ suan	Intend	他打算回国。
	吃 chī	Eat	我请你吃饭。
	买 mǎi	Buy	你买什么？

续表

词性	单词	英文	例句
形容词 Adjective	重要 zhòngyào	Important	这很重要。
副词 Adverb	正好 zhènghǎo	Just in time	正好你也在。
	最 zuì	-est	最贵的是肉。
介词 Preposition	因为 yīnwèi	Because of	因为你。
语气词 Modal	嘛 ma	Well	一起去嘛。
常用语 Common Phrases	怎么会? zěnme huì	How it will?	怎么会不去?

第二课 你喜欢吃什么?

词性	单词	英文	例句
名词 Noun	晚上 wǎnshang	Night	晚上吃饭。
	公园 gōngyuán	Park	周末去公园。
	土豆 tǔdòu	Potato	土豆很好。
	樱桃 yīngtáo	Cherry	樱桃很大。
	葡萄 pútao	Grape	葡萄很甜。
	苹果 píngguǒ	Apple	苹果很红。
数量词 Numeral	七 qī	Seven	一周有七天。

续表

词性	单词	英文	例句
代词 Pronoun	这些 zhè xiē	These	这些水果。
副词 Adverb	就 jiù	Then	我就不去了。
语气词 Modal	咯 lo	Just as "了"	我走咯。
	哈 hā	Laughter	哈哈哈

第三课　你想喝什么？

词性	单词	英文	例句
名词 Noun	石榴 shíliu	Pomegranate	巴库的石榴。
	汁 zhī	Juice	苹果汁很好喝。
	绿茶 lǜchá	Green tea	绿茶很贵。
	身体 shēntǐ	Body	身体很重要。
	糖 táng	Sugar	我不吃糖。
	心脏 xīnzàng	Heart	他的心脏不好。
	下次 xià cì	Next time	下次喝咖啡。

续表

词性	单词	英文	例句
动词 Verb	想 xiǎng	Would like	他想去公园。
	喝 hē	Drink	你们喝水吗？
	加 jiā	Add	可以加糖，也可以加盐。
	习惯 xíguàn	Habit	我不习惯这里的食物。
形容词 Adjective	甜 tián	Sweet	太甜了！
	胖 pàng	Fat	非常胖。
常用语 Common Phrases	太苦了！ tài kǔ le！	Too bitter	咖啡太苦了！
	对……很好 duì ⋯ hěn hǎo	Good for...	看书对学习很好。

Dì- wǔ dān yuán
第五单元

cān guān dòng wù yuán
参观动物园

LESSON 1
第一课

chūn tiān lái le
春天来了

季节 season

Chūn tiān lái le
春天来了，
huā kāi le　tā xiào le
花开了，她笑了。

kè wén
课文

Jīn tiān tiān qì hěn hǎo　wǒ xiǎng qù dòng wù yuán　Wǒ gěi Ā Nán
今天天气很好，我想去动物园。我给阿南

dǎ diàn huà　qǐng tā yì qǐ qù　Wǒ men wán dé hěn kāi xīn
打电话，请她一起去。我们玩得很开心。

Ā Fēi　　Ā Nán　shì wǒ
阿飞：阿南，是我！

Ā Nán　Shì Ā Fēi ā　Nǐ yǒu shén me shì
阿南：是阿飞啊。你有什么事？

Ā Fēi　Jīn tiān tiān qì hěn hǎo　wǒ men yì qǐ qù dòng wù yuán ba
阿飞：今天天气很好，我们一起去动物园吧。

Ā Nán　Wèi shén me qù dòng wù yuán　Wǒ xiǎng qù gōng yuán　Táo huā kāi le　chūn tiān lái
阿南：为什么去动物园？我想去公园。桃花开了，春天来

le　wǒ men qù kàn táo huā ba
了，我们去看桃花吧？

Ā Fēi　Táo huā xià gè xīng qī qù kàn　xíng ma　Wǒ tīng shuō dòng wù yuán jīn tiān yǒu biǎo
阿飞：桃花下个星期去看，行吗？我听说动物园今天有表

yǎn　zán men xiān qù kàn biǎo yǎn ba
演，咱们先去看表演吧。

Ā Nán　Hǎo ba　zhēn ná nǐ méi bàn fǎ　Wǒ men jǐ diǎn chū fā
阿南：好吧，真拿你没办法。我们几点出发？

Ā Fēi　Shí diǎn bàn　wǒ zài xué xiào mén kǒu děng nǐ
阿飞：十点半，我在学校门口等你。

Ā Nán　Hǎo　bù jiàn bù sàn
阿南：好，不见不散！

Ā Fēi　Ā Dōng jiě jie zài jiā ma　Qǐng tā yì qǐ qù ba
阿飞：阿冬姐姐在家吗？请她一起去吧。

Ā Nán　Jiě jie shàng kè qù le　wǎn shàng cái huí lái
阿南：姐姐上课去了，晚上才回来。

Ā Fēi　Ò　nà xià cì zài yuē jiě jie　Yī huìr　jiàn
阿飞：哦，那下次再约姐姐。一会儿见。

Ā Nán　Yī huìr　jiàn
阿南：一会儿见。

一、你的生词
_{nǐ de shēng cí}

二、回答问题：你最喜欢什么季节？

huí dá wèn tí　　nǐ zuì xǐ huān shén me jì jié

yī nián sì jì
一年四季

chūn
春

xià
夏

qiū
秋

dōng
冬

chūn tiān de huā
春天的花

fù huó jié
复活节

xià tiān de hǎi
夏天的海

qiū tiān de shù
秋天的树

gǎn' ēn jié
感恩节

dōng tiān de xuě
冬天的雪

chāo xiě jù zi
三、抄写句子

Nǐ yǒu shén me shì
你有什么事？ What can I do for you?

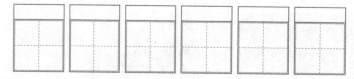

Wǒ xiǎng qù dòng wù yuán
我想去动物园。 I want to go to the zoo.

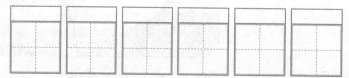

Wǒ men bù jiàn bù sàn
我们不见不散！ See you there!

LESSON 2
第二课

kě' ài de dòng wù men
可爱的动物们

保护动物 animal protection ✕

kě' ài de xióngmāo
可爱的熊猫

gāo dà de mǎ
高大的马

kè wén
课文

Jīn tiān dòng wù yuán rén hěn duō　　wǒ hé Ā Nán jiàn dào le hěn duō dòng wù
今天动物园人很多，我和阿南见到了很多动物。

Wǒ men yī biān liáo tiān　　yī biān kàn biǎo yǎn　　Ā Nán yǒu diǎn nán guò
我们一边聊天，一边看表演，阿南有点难过。

Ā Fēi　　Ā Nán　　kuài lái　　zhè lǐ yǒu xióngmāo　　Hǎo kě' ài de xióngmāo a
阿飞：阿南，快来，这里有熊猫。好可爱的熊猫啊。

Ā Nán　　Děngděng wǒ　　Ā Fēi　　nǐ zǒu dé tài kuài le
阿南：等等我，阿飞，你走得太快了。

Ā Fēi　　Wǒ men xiān kàn xióngmāo　　zài kàn lǎo hǔ　　rán hòu kàn hóu zi ba
阿飞：我们先看熊猫，再看老虎，然后看猴子吧？

Ā Nán　　Dōu xíng　　nǐ zuì xǐ huānshén me dòng wù
阿南：都行，你最喜欢什么动物？

Ā Fēi　　Dāng rán shì xióngmāo lā　　Nǐ ne
阿飞：当然是熊猫啦。你呢？

Ā Nán　　Wǒ xǐ huān mǎ　　gāo gāo dà dà de　　hěn shuài
阿南：我喜欢马，高高大大的，很帅。

Ā Fēi　　Hǎo　　wǒ men jiù xiān qù kàn mǎ　　zài qù kàn lǎo hǔ
阿飞：好，我们就先去看马，再去看老虎。

Ā Nán　　Hǎo　　zhèng hǎo zuì hòu qù kàn lǎo hǔ biǎo yǎn
阿南：好，正好最后去看老虎表演。

Ā Fēi　　Hā hā　　gāng cái de lǎo hǔ biǎo yǎn tài bàng le　　nǐ jué dé zěn me yàng　　Bù
阿飞：哈哈，刚才的老虎表演太棒了，你觉得怎么样？不
guò　　Ā Nán　　nǐ hǎo xiàng bù kāi xīn
过，阿南，你好像不开心？

Ā Nán　　Ā Fēi　　wǒ kàn le biǎo yǎn　　tū rán yǒu diǎn'r　nán guò　　Zhè xiē xiǎo dòng
阿南：阿飞，我看了表演，突然有点儿难过。这些小动
wù　　bù dàn méi yǒu zì yóu　　hái děi biǎo yǎn　　tài kě lián le
物，不但没有自由，还得表演，太可怜了！

Ā Fēi　　Nà huí jiā yǐ hòu　　wǒ men zuò yī gè ài hù dòng wù de hǎi bào ba
阿飞：那回家以后，我们做一个爱护动物的海报吧。

Ā Nán　　Hǎo　　Ā Fēi　　xiè xie nǐ yuàn yì péi wǒ yī qǐ zuò hǎi bào
阿南：好，阿飞，谢谢你愿意陪我一起做海报。

一、你的生词

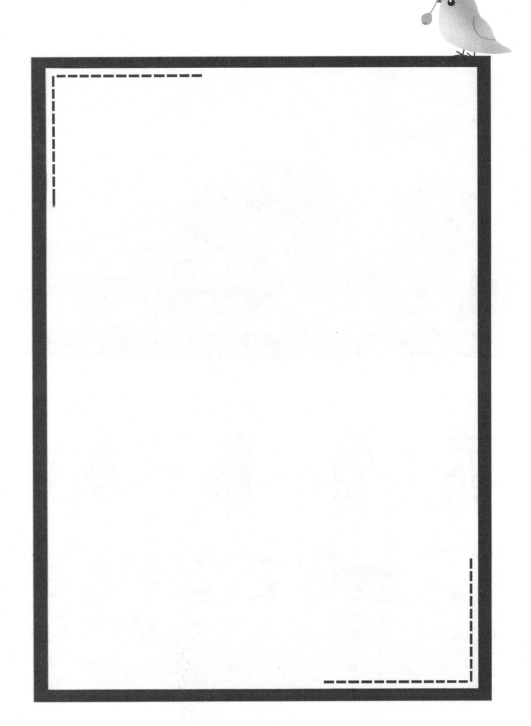

二、回答问题：你最喜欢什么动物？
huí dá wèn tí　　nǐ zuì xǐ huānshén me dòng wù

动物世界
dòngwù shì jiè

虫　　　　鱼　　　　鸟　　　　兽
chóng　　　*yú*　　　　*niǎo*　　　*shòu*

dì suǒ shēng   yǒu cǎo mù   cǐ zhí wù   biàn shuǐ lù
地 所 生 , 有 草 木 , 此 植 物 , 遍 水 陆 。

yǒu chóng yú   yǒu niǎo shòu   cǐ dòng wù   néng fēi zǒu
有 虫 鱼 , 有 鸟 兽 , 此 动 物 , 能 飞 走 。

chāo xiě jù zi
三、抄写句子

Gāo gāo dà dà de mǎ
高高大大的马。 A tall and big horse.

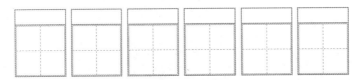

Wǒ men xiān qù kàn xióng māo
我们先去看熊猫。 Let's see the pandas first.

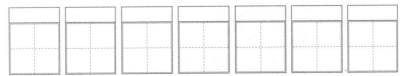

Biǎo yǎn tài bàng le
表演太棒了! The performance was awesome.

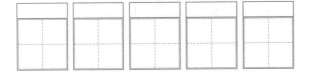

LESSON 3
第三课

tā de bí zǐ hěn cháng
它的鼻子很长

kè wén
课文

Jīn tiān jiě jie péi wǒ men zuò hǎi bào　wǒ men kàn le hěn duō shū　Wǒ fā xiàn dòng wù
今天姐姐陪我们做海报，我们看了很多书。我发现动物

shì jiè zhēn yǒu yì si　gè zhǒng gè yàng de dòng wù　yòu cōng míng yòu kě ài
世界真有意思，各种各样的动物，又聪明又可爱。

Ā Dōng　　Ā Nán　Ā Fēi　nǐ men de hǎi bào zuò hǎo le ma
阿冬：阿南，阿飞，你们的海报做好了吗？

Ā Fēi　Jiě jie　nǐ děng yī huìr　　wǒ men mǎ shàng jiù zuò hǎo le
阿飞：姐姐，你等一会儿，我们马上就做好了。

Ā Nán　Jiě jie　wǒ wèn nǐ　shén me dòng wù de ěr duo zuì cháng
阿南：姐姐，我问你，什么动物的耳朵最长？

Ā Dōng　Hā hā　zhè ge bù nán　tù zǐ de ěr duo chángcháng de
阿冬：哈哈，这个不难，兔子的耳朵长长的。

Ā Nán　Hēng　nà shén me dòng wù de yǎn jing zuì piào liang
阿南：哼，那什么动物的眼睛最漂亮？

Ā Fēi　Ā　zhè ge wǒ zhī dào　xiǎo māo de yǎn jing zuì piào liang
阿飞：啊，这个我知道，小猫的眼睛最漂亮。

Ā Dōng　Wèi shén me ne
阿冬：为什么呢？

Ā Fēi　Yīn wéi māo de yǎn jing shì lǜ sè de　hái yǒu lán sè de
阿飞：因为猫的眼睛是绿色的，还有蓝色的。

Ā Dōng　Ò　nà wǒ yě kǎo kǎo nǐ men　Shén me dòng wù de bí zǐ zuì cháng
阿冬：哦，那我也考考你们。什么动物的鼻子最长？

Ā Nán　Bí zǐ zuì cháng　Wǒ zhī dào　shì dà xiàng
阿南：鼻子最长？我知道，是大象。

Ā Dōng　Bù duì　bù duì　dà xiàng bù duì
阿冬：不对，不对，大象不对。

Ā Nán　Wéi shén me bù duì　Dà xiàng de bí zǐ jiù shì zuì cháng de
阿南：为什么不对？大象的鼻子就是最长的。

Ā Dōng　Pǐ nuò cáo de bí zǐ cái shì zuì cháng de　Hā hā
阿冬：匹诺曹的鼻子才是最长的。哈哈。

Ā Nán　Hǎo a　jiě jie　nǐ shuǎ lài
阿南：好啊，姐姐，你耍赖！

Ā Dōng　Kàn nǐ bù kāi xīn　kāi ge wán xiào ma
阿冬：看你不开心，开个玩笑嘛！

一、你的生词
nǐ de shēng cí

huí dá wèn tí　　　tā de yǎn jing dà ma
二、回答问题：她的眼睛大吗？

shēn tǐ bù wèi
身体部位

tóu　jiān bǎng　xī gài　jiǎo
头、肩膀、膝盖、脚，

yǎn jing　　ěr duo　zuǐ hé bí zi
眼睛、耳朵、嘴和鼻子。

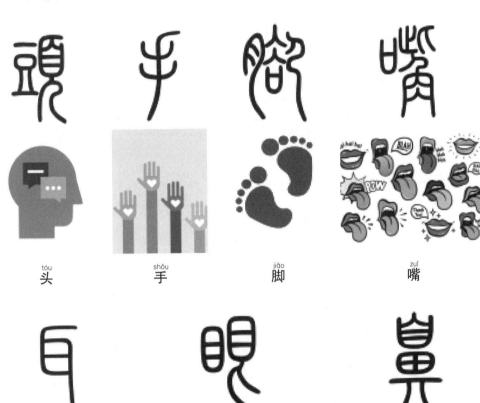

tóu	shǒu	jiǎo	zuǐ
头	手	脚	嘴

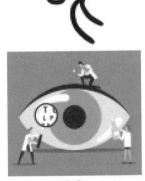
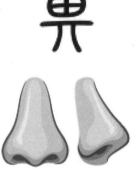

ěr duo　　　　　　yǎn jing　　　　　　　bí zi
耳朵　　　　　　眼睛　　　　　　　鼻子

157

三、抄写句子
chāo xiě jù zi

Hǎi bào zuò hǎo le ma
海报做好了吗？ Are the posters ready yet?

Tā de bí zi zuì cháng
它的鼻子最长。Its nose is the longest.

Kāi gè wán xiào ma
开个玩笑嘛。Just kidding.

生词表

第一课 春天来了

词性	单词	英文	例句
名词 Noun	天气 tiānqì	Weather	天气不好。
	动物 dòngwù	Animal	很多动物。
	桃花 táohuā	Peach flower	桃花开了。
	春天 chūntiān	Spring	春天到了。
	门口 ménkǒu	Gate	门口的桃花。
代词 Pronoun	咱们 zánmen	Our	这是咱们家。
动词 Verb	表演 biǎoyǎn	Performance	她表演唱歌。
	看 kàn	Watch	看电影。
	听说 tīngshuō	Heard of	听说他走了。
	出发 chūfā	Set off	现在出发。
	等 děng	Wait	我等你。

续表

词性	单词	英文	例句
常用语 Common Phrases	行吗？xíngma	Is that OK？	明天去，行吗？
	拿你没办法 ná nǐ méi bànfǎ	Depending on you.	我拿你没办法。
	不见不散！ bújiànbúsàn	Waiting till last second.	我们不见不散！
	下次再约 xiàcì zàiyuē	Appointment once again.	我们下次再约。

第二课 可爱的动物们

词性	单词	英文	例句
名词 Noun	马 mǎ	Horse	我想要匹小马。
	熊猫 xióngmāo	Panda	这是只可爱的熊猫。
	老虎 láohǔ	Tiger	我怕大老虎。
	海报 hǎibào	Poster	海报很漂亮。
	刚才 gāngcái	Just now	刚才怎么了？
	以后 yǐhòu	In the future	以后再来。
动词 Verb	有 yǒu	Have	我有钱。
	得 děi	Have to	她得买票。
	陪 péi	Accompany	你陪我去吧。
	爱护 àihù	Cherish	爸妈爱护我。
	愿意 yuànyì	Willing	我愿意去。

续表

词性	单词	英文	例句
形容词 Adjective	高大 gāodà	Tall	这里有高大的树。
	快 kuài	Fast	快走。
	难过 nánguò	Sad	她很难过。
	可爱 kě'ài	Cute	可爱的小狗。
	帅 shuài	Handsome	他很帅。
	自由 zì yóu	Free	自由的世界。
副词 Adverb	突然 tū rán	Suddenly	他突然走了。
	先 xiān	At first	先打电话。
	再 zài	Secondly	我一会儿再写作业。
	最后 zuìhòu	At last	最后再玩。
	不过 bùguò	However	不过他不是。
	好像 hǎoxiàng	Seem	我好像忘了。
常用语 Common Phrases	都行 dōuxíng	Both all right	我都行。
	太可怜了！ tài kě lián le！	So pathetic	他太可怜了！
	一边，一边 yìbiān，yìbiān	As same time as	我一边写作业，一边听音乐。
	不但 bùdàn 还 hái	Not only, but also	蛋糕不但好看，还好吃。

第三课 它的鼻子很长

词性	单词	英文	例句
名词 Noun	书 shū	Book	这是我的书。
	世界 shìjiè	The world	同学们来自世界各地。
	耳朵 ěrduo	Ear	它有双大耳朵。
	兔子 tùzi	Rabbit	我想养一只小兔子。
	眼睛 yǎnjing	Eye	这样对眼睛好。
	小猫 xiǎomāo	Baby Cat	这里有很多小猫。
	鼻子 bízi	Nose	他有个大鼻子。
	大象 dàxiàng	Elephant	大象很高。
	匹诺曹 pǐnuòcáo	Pinocchio	谁是匹诺曹？
动词 Verb	发现 fāxiàn	Discover	他发现了。
	考考 kǎokǎo	Test	我考考你。
	耍赖 shuǎlài!	Cheating	你们耍赖。
形容词 Adjective	长 cháng	Long	他的手指长长的。
	漂亮 piàoliang	Beautiful	这有一匹漂亮的马。
	蓝色 lánsè	Blue	蓝色的花。
副词 Adverb	还 hái	Yet	我还不知道
	才是 cáishì	That's it	他才是。
常用语 Common Phrases	做好了 zuòhǎole	Done	我做好了。
	各种各样 gèzhǒng gèyàng	Varieties	动物园有各种各样的动物。
	又……又…… yòu	Both ... and	它们又聪明又可爱。

Dì- liù dān yuán
第六单元
bó wù guǎn qí miào yè
博物馆奇妙夜

LESSON 1
第一课

Bó wù guǎn zěn me zǒu
博物馆怎么走?

kè wén
课文

Ā Xìn lǎo shī gào su wǒ men jīn nián de "bó wù guǎn qí miào yè" huó dòng kāi shǐ le
阿信老师告诉我们今年的"博物馆奇妙夜"活动开始了。

Wǒ hé Ā Nán hěn gǎn xìng qù dǎ suàn yì qǐ bào míng cān jiā
我和阿南很感兴趣，打算一起报名参加。

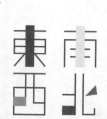

Ā Fēi Ā Xìn lǎo shī "bó wù guǎn qí miào yè" shén me shí hòu kāi shǐ
阿飞：阿信老师，"博物馆奇妙夜"什么时候开始？

Ā Xìn Hǎi bào shàng shuō cóng hào dào xià gè yuè hào yí gè yuè
阿信：海报上说，从10号到下个月8号，一个月。

Ā Fēi Wǎn shàng wǒ men huì zuò shén me ne
阿飞：晚上我们会做什么呢？

Ā Xìn Nǐ kàn liù diǎn bàn dào qī diǎn chī wǎn cān qī diǎn dào bā diǎn bàn shì zhǔ tí
阿信：你看，六点半到七点吃晚餐，七点到八点半是主题
biǎo yǎn bā diǎn bàn dào shí diǎn bàn cān guān bó wù guǎn shí yī diǎn shuì jiào
表演，八点半到十点半参观博物馆，十一点睡觉。

Ā Fēi Shí yī diǎn shuì jiào
阿飞：十一点睡觉？

Ā Xìn Duì Bú guò tīng shuō wǎn shang huì yǒu jīng xǐ
阿信：对。不过听说晚上会有惊喜。

Ā Fēi Tài hǎo le Lǎo shī nín zhī dào bó wù guǎn zěn me zǒu ma
阿飞：太好了！老师，您知道博物馆怎么走吗？

Ā Xìn Nǐ zài xué xiào mén kǒu wǎng dōng zǒu jīng guò liǎng gè lù kǒu jiù dào le
阿信：你在学校门口往东走，经过两个路口就到了。

Ā Fēi Wǎng dōng zǒu Dōng bian zài nǎr
阿飞：往东走？东边在哪儿？

Ā Xìn Nǐ hái bù zhī dào dōng nán xī běi ā Nà wǒ dài nǐ men qù ba
阿信：你还不知道东南西北啊？那我带你们去吧。

Ā Fēi Xiè xie lǎo shī Wǒ men wǎn shàng jiàn
阿飞：谢谢老师。我们晚上见！

Ā Xìn Wǎn shàng jiàn
阿信：晚上见！

一、你的生词

二、回答问题：博物馆怎么走？
huí dá wèn tí bó wù guǎn zěn me zǒu

东南西北
dōng nán xī běi

往北走
wǎng běi zǒu

往西走
wǎng xī zǒu

往东走
wǎngdōng zǒu

往南走
wǎng nán zǒu

填一填（东、西、南、北）
tián yī tián dōng xī nán běi

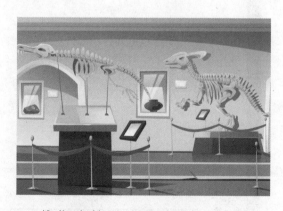

上海在＿＿＿＿＿＿＿＿
shàng hǎi zài

恐龙头朝＿＿＿＿＿＿＿
kǒng lóng tóu cháo

168

Guǎngzhōu zài
广州在＿＿＿＿＿＿＿＿＿＿＿＿＿

kǎo lā zài
考拉在＿＿＿＿＿＿＿＿＿＿＿＿＿

Xī'ān zài
西安在＿＿＿＿＿＿＿＿＿＿＿＿＿

luò tuó tóu cháo
骆驼头朝＿＿＿＿＿＿＿＿＿＿＿

Běijīng zài
北京在＿＿＿＿＿＿＿＿＿＿＿＿＿

běi jí xióng zài
北极熊在＿＿＿＿＿＿＿＿＿＿＿

三、抄写句子

<small>chāo xiě jù zi</small>

<small>Shén me shí hou kāi shǐ</small>
什么时候开始？ When will it start?

<small>Bó wù guǎn zěn me zǒu</small>
博物馆怎么走？ How can I get to the museum?

<small>Cóng dà mén kǒu wǎng dōng zǒu</small>
从大门口往东走。Walk east from the gate.

LESSON 2

第二课

zuò xiào chē qù shàng xué
坐校车去上学

日常出行 travel ✕

Měi lì de xīng kōng
美丽的星空。

Nán wàng de yè wǎn
难忘的夜晚。

kè wén
课文

Zuó tiān wǒ men zài bó wù guǎn guò le yí gè nán wàng de yè wǎn   měi lì de xīng kōng   wǒ men hé tā men
昨天我们在博物馆过了一个难忘的夜晚，美丽的星空，我们和它们，

yǒu qù de gù shi   wǒ men ài zhè gè shì jiè
有趣的故事，我们爱这个世界。

Ā Xìn   Ā Nán   zuó tiān de   bó wù guǎn qí miào yè   zěn me yàng
阿信：阿南，昨天的"博物馆奇妙夜"怎么样？

Ā Nán   Lǎo shī   xīng xing tài měi le   wǒ hǎo xǐ huan zuó tiān wǎn shang
阿南：老师，星星太美了，我好喜欢昨天晚上。

Ā Fēi   Duì a   hái yǒu nà xiē   dǎ yìn de kǒng lóng   tài kù le
阿飞：对啊，还有那些3D打印的恐龙，太酷了！

Ā Xìn   dǎ yìn jì shù xiàn zài yǐ jing hěn chéng shú le   rú guǒ nǐ xǐ huan   xià
阿信：3D打印技术现在已经很成熟了，如果你喜欢，下

cì shàng kè   wǒ men kě yǐ shì shì zuò yí gè xiǎo kǒng lóng
次上课，我们可以试试做一个小恐龙。

Ā Fēi   Zhēn de ma   lǎo shī   wǒ dōu děng bù jí le
阿飞：真的吗，老师？我都等不及了。

Ā Nán   Jiù zhī dào wán   Wǒ men kuài diǎn ér huí jiā ba   hái yào qù xué xiào ne
阿南：就知道玩。我们快点儿回家吧，还要去学校呢。

Ā Fēi   Hǎo   wǒ men kě yǐ xiān zuò dì tiě   zài zuò xiào chē qù shàng xué
阿飞：好，我们可以先坐地铁，再坐校车去上学。

Ā Nán   Hǎo   hái yǒu sì shí fēn zhōng   wǒ bù xiǎng shàng xué chí dào
阿南：好，还有四十分钟，我不想上学迟到。

Ā Xìn   Nǐ men zhī dào dì tiě zhàn zěn me zǒu ma
阿信：你们知道地铁站怎么走吗？

Ā Nán   Wǒ zhī dào   jiù zài wǎng xī de lù kǒu
阿南：我知道，就在往西的路口。

Ā Xìn   Hǎo   nà nǐ men kuài zǒu ba   wǒ zài xué xiào děng nǐ men
阿信：好，那你们快走吧，我在学校等你们。

xué shēng men   Hǎo   Ā Xìn lǎo shī   xiè xie nín   wǒ men xué xiào jiàn
学生们：好，阿信老师，谢谢您，我们学校见。

nǐ de shēng cí
一、你的生词

二、回答问题：你怎么去上学？
huí dá wèn tí　　　nǐ zěn me qù shàng xué

坐车还是走路？
zuò chē hái shì zǒu lù

坐车　　　　　　　　　　　　　　　走路
zuò chē　　　　　　　　　　　　　zǒu lù

问：你每天怎么去上学？
wèn　Nǐ měi tiān zěn me qù shàng xué

答：我每天坐车上学。/ 我每天走路上学。
dá　Wǒ měi tiān zuò chē shàng xué　Wǒ měi tiān zǒu lù shàng xué

出租车
chū zū chē

xiào chē
校车

gōng jiāo chē
公交车

dì tiě
地铁

三、抄写句子
<small>chāo xiě jù zi</small>

<small>Nǐ xǐ huān zuò fēi jī hái shì zuò huǒ chē</small>
你喜欢坐飞机还是坐火车？ Do you prefer aitplanes or trains?

<small>Zuò xiào chē qù shàng xué</small>
坐校车去上学。 Take the school bus to school.

<small>Nǐ men kuài zǒu ba</small>
你们快走吧！ You guys get outta here!

LESSON 3
第三课
cóng Bā kù dào Běi jīng
从巴库到北京

历史人物 historcal figure ✕

Qín shǐ huáng　Bīng Mǎ
秦始皇，兵马
yǒng　　cóng Xī' ān dào Běi jīng
俑，从西安到北京。

kè wén
课文

Yīn wéi hái zi men zuó tiān qù le bó wù guǎn qí miào yè suǒ yǐ jīn tiān yǒu diǎnr lèi Wǒ méi yǒu gěi tā
因为孩子们昨天去了博物馆奇妙夜，所以今天有点儿累。我没有给他

men shàng kè gēn hái zi men liáo le liáo tiān jiǎng le jiǎng zhōng guó de lì shǐ gù shi
们上课，跟孩子们聊了聊天，讲了讲中国的历史故事。

Ā Qìn Tóng xué men nǐ men xiàn zài kě yǐ shàng kè ma
阿沁：同学们，你们现在可以上课吗？

Ā Fēi Lǎo shī wǒ men yǒu diǎnr lèi bù guo xiū xi yí huìr jiù hǎo le
阿飞：老师，我们有点儿累，不过休息一会儿就好了。

Ā Qìn Nǐ men zuó tiān zuì xǐ huān de shì shén me biǎo yǎn
阿沁：你们昨天最喜欢的是什么表演？

Ā Nán Wǒ zuì xǐ huān cóng Xī an dào Běi jīng hàn fú tài piào liàng le
阿南：我最喜欢"从西安到北京"，汉服太漂亮了！

Ā Fēi Lǎo shī wǒ yǒu wèn tí Zhōng guó yí gong yǒu duō shǎo gè wáng
阿飞：老师，我有问题，中国一共有多少个王？

Ā Qìn Nà tài duō le Bù guò wǒ men bù jiào wáng yì bān wǒ men shuō huáng dì
阿沁：那太多了。不过我们不叫王，一般我们说皇帝。

Ā Fēi Wèi shén me nà me duō huáng dì ā
阿飞：为什么那么多皇帝啊？

Ā Qìn Yīn wéi Zhōng guó de lì shǐ hěn cháng shàng xià wǔ qiān nián ne Nà wǒ kǎo kǎo nǐ
阿沁：因为中国的历史很长，上下五千年呢。那我考考你

men zhōng guó de dì-yī gè huáng dì shì shuí
们，中国的第一个皇帝是谁？

Ā Nán Dì yī gè Wǒ zhī dào shì qín shǐ huáng
阿南：第一个？我知道，是秦始皇。

Ā Fēi Qín shǐ huáng shì shuí
阿飞：秦始皇是谁？

Ā Nán Qín shǐ huáng jiào Yíng zhèng Nǐ men jiào zhōng guó rén Çin jiù shì yīn wèi tā
阿南：秦始皇叫嬴政。你们叫中国人 Çin 就是因为他。

Ā Fēi Ò yuán lái shì zhè yàng
阿飞：哦，原来是这样。

Ā Qìn Hā hā kàn lái wǒ men liǎng gè guó jiā hěn zǎo jiù rèn shí le
阿沁：哈哈，看来我们两个国家很早就认识了。

Ā Fēi Duì cóng Bā kù dào Běi jīng yǒu yì dì jiǔ tiān cháng
阿飞：对，"从巴库到北京"，友谊地久天长。

一、你的生词

nǐ de shēng cí

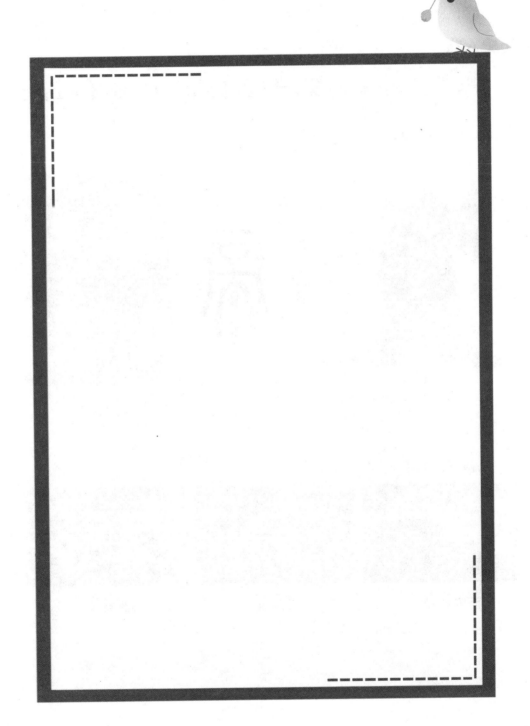

二、回答问题：你知道中国有多少个王吗？
huí dá wèn tí   nǐ zhī dào Zhōng guó yǒu duō shǎo gè wáng ma

历史人物
lì shǐ rén wù

从秦朝到清朝：中国一共出现了83个王朝，共有559个帝王，包括397个"帝"和162个"王"。
Cóng Qín Cháo dào Qīng Cháo　Zhōng guó yī gòng chū xiàn le　gè wáng cháo　gòng yǒu　gè dì wáng　bāo kuò　gè dì hé gè wáng

从西安到北京：
cóng Xī' ān dào Běi jīng

西安钟楼	兵马俑	北京天坛
Xī' ān zhōng lóu	Bīng mǎ yǒng	Běi jīng Tiān tán

秦始皇："书同文"第一人

秦始皇："车同轨"第一人

王权象征：

^{chāo xiě jù zi}
三、抄写句子

^{Wǒ men yǒu diǎnr　lèi}
我们有点儿累。 We're a bit tired.

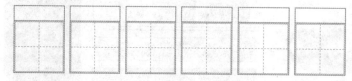

^{Cóng Bā kù dào Běi jīng}
从巴库到北京。 From Baku to Beijing.

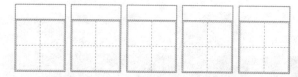

^{Qín shǐ huáng shì shuí}
秦始皇是谁？ Who is Qin Shihuang?

第一课　博物馆怎么走？

词性	单词	英文	例句
名词 Noun	博物馆 bówùguǎn	Museum	在博物馆门口见面。
	活动 huódòng	Activity	活动很有趣。
	夜 yè	Night	夜晚一般会比白天冷。
	晚餐 wǎncān	Dinner	一起吃晚餐。
	主题 zhǔtí	Topic	活动的主题是什么？
	惊喜 jīngxǐ	Surprise	我要给你大大的惊喜。
	路口 lùkǒu	Crossing	路口见！
动词 Verb	告诉 gàosù	Tell	他没有告诉我们。
	开始 kāishǐ	Begin	表演开始了。
	感兴趣 gǎnxìngqù	Interest in	我不感兴趣。
	报名 bàomíng	Sign up	他没有报名。
	参观 cānguān	Visit	今天参观学校。
	参加 cānjiā	Participate	你参加吗？
	睡觉 shuìjiào	Sleep	几点睡觉？
	带 dài	Bring	这是我从家乡带来的。
	经过 jīngguò	Pass by	你会经过我家吗？

续表

词性	单词	英文	例句
形容词 Adjective	奇妙 qímiào	Fantastic	世界真奇妙。
常用语 Common Phrases	什么时候？ shénmeshíhou？	When？	你们什么时候来？
	从……到……cóngdào	From...to	从这儿到家要走多久？
	怎么走？zěnmezǒu？	How to go?	故宫怎么走？
	往东走 wǎngdōngzǒu	Go east	你一直往东走。
	东南西北 dōngnánxīběi	All directions	东南西北都有建筑。

第二课　坐校车去上学

词性	单词	英文	例句
名词 Noun	昨天 zuótiān	Yesterday	昨天的课我听了。
	星空 xīngkōng	Starry sky	夜晚的星空很美。
	故事 gùshi	Story	我想听巴库的故事。
	恐龙 kǒnglóng	Dinosaur	他喜欢恐龙。
	技术 jìshù	Technology	中国的技术很先进。
	地铁 dìtiě	Metro	地铁很快。
	校车 xiàochē	School bus	我坐校车。

续表

词性	单词	英文	例句
数量词 Numeral/ Measure	四十 sìshí	Forty	班里有四十个人。
	分钟 fēnzhōng	Minute	五分钟就好。
代词 Pronoun	它们 tāmen	They	它们很小。
动词 Verb	坐 zuò	Sit	请坐。
	迟到 chídào	Late	我迟到了。
	打印 dǎyìn	Print	请你打印。
	可以 kěyǐ	Can	你可以这样。
	试试 shìshi	Try	试试这个吧。
形容词 Adjective	美丽 měilì	Pretty	美丽的花。
	有趣 yǒuqù	Interesting	非常有趣。
	成熟 chéngshú	Mature	她很成熟。
副词 Adverb	已经 yǐjīng	Already	已经回家了。
	如果 rúguǒ	If	如果你不来，就告诉我。
常用语 Common Phrases	太酷了 tàikùle	So Cool!	这个太酷了！
	等不及了 děngbùjíle	Can not wait anymore	我等不及见到他了。

第三课　从巴库到北京

词性	单词	英文	例句
名词 Noun	兵马俑 Bīngmǎyǒng	Terracotta Warriors	西安的兵马俑很有名。
	孩子 háizi	Kid	孩子们很开心。
	历史 lìshǐ	History	这里介绍了世界历史。
	汉服 hànfú	Hanfu	各种汉服琳琅满目。
	问题 wèntí	Questions	问题很大。
	王 wáng	King	阿塞拜疆的王有哪些?
	皇帝 huángdì	Emperor	中国的皇帝有很多。
介词 Preposition	跟 gēn	With	你可以跟我说。
动词 Verb	讲 jiǎng	Talk	讲了什么?
	休息 xiūxi	Rest	休息一下。
	说 shuō	Say	我想多说汉语。
形容词 Adjective	早 zǎo	Early	我走得很早。
	累 lèi	Tired	我累了。

续表

词性	单词	英文	例句
副词 Adverb	一共 yí gòng	Totally	一共三十元。
	一般 yì bān	Generally	一般没有人。
	原来 yuán lái	Originally	原来是你。
	看来 kàn lái	Apparently	看来他不喜欢。
常用语 Common Phrases	因为，所以 yīn wèi suó yǐ	Because，then	因为你来，所以我等。
	上下五千年 shàng xià wǔ qiān nián	Thousands of years history	上下五千年的历史。
	秦始皇嬴政 Qín shǐhuáng Yíng Zhèng	Qin Shi Huang Ying Zheng	秦始皇的名字是嬴政。
	友谊地久天长 yǒuyìdìjiǔtiāncháng	Friendship forever	中阿友谊地久天长！

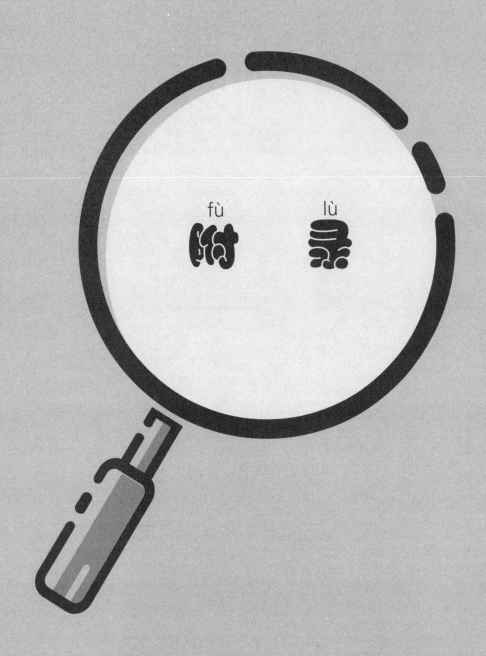

fù lù
附录

Appendix

hàn yǔ pīn yīn rù mén
汉语拼音入门

一、音节结构 structure of syllables

shēng diào 声 调		∨		你
shēng mǔ 声 母	yùn mǔ 韵 母	n	i	

Tone		∨		好
Initial	Final	h	ao	

（一）声母（Initials）：21+2=23 个

b	p	m	f
d	t	n	l
g	k	h	
j	q	x	
zh	ch	sh	r
z	c	s	
y	w		

（二）韵母（finals）：单韵母 10 个、复合韵母 29 个，共 39 个

1. 单韵母 10 个：

a	o	e	er	ê
i	u	ü	−i [−ʝ]	−i [−ʅ]

2. 复合韵母 29 个：复元音韵母 13 个、鼻韵母 16 个

（1）复元音韵母 13 个：

ai	ia	ua	
ei	ie	uo	ü e
ao	iao	uai	
ou	iu(iou)	ui(uei)	

（2）鼻韵母 16 个：

an	ian	uan	üan
en	in	un(uen)	ün
ang	iang	uang	
eng	ing	ueng	
ong	iong		

Tips: The final "i" in "zi, ci, si" is pronounced as [-ɿ] ,not [i]. The final "i" in "zhi, chi, shi" is pronounced as [-ʅ],not [i]. But they have the same written form as "i".

（三）声调（tone）：4个

一	′	∨	＼
一声	二声	三声	四声

一般标在主要元音上：

ā	á	ǎ	à
ō	ó	ǒ	ò
ē	é	ě	è
ī	í	ǐ	ì
ū	ú	ǔ	ù
ǖ	ǘ	ǚ	ǜ

二、拼写规则 Spelling rules：6个

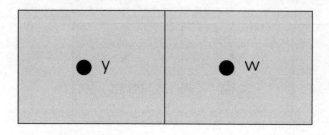

（一）规则 1、2、3

ya (ia)	ye (ie)	yao (iao)	you (iou)	yan (ian)	yang (iang)		
yi (i)	yin (in)	ying (ing)	yong (iong)	yu (ü)	yue (üe)	yuan (üan)	yun (ün)
wu (u)	wa (ua)	wo (uo)	wai (uai)	wei (uei)	wan (uan)	weng (uen)	wan (uan)

wang (uang)

When standing as syllables by themselves, the finals "i, u, ü" are written as "yi, wu, yu".

When standing as syllables by themselves, the finals "ia, ie, iao, iou, ian, in, iang, ing, ü, üe, üan, ün, iong" are written as "ya, ye, yao, you, yan, yin, yang, ying, yu, yue, yuan, yun, yong".

When standing as syllables by themselves, the finals "u, ua, uo, uai, uei, uan, uen, uang" are written as "wu, wa, wo, wai, wei, wan, wen, wang".

j	q	x	ü

（二）规则 4

ya (ia)	ye (ie)	yao (iao)	you (iou)	yan (ian)	yin (in)	yang (iang)	ying (ing)
jia	jie	Jiao	jiu (jiou)	jian	jin	jiang	jing
qia	qie	qiao	qiu (qiou)	qian	qin	qiang	qing
xia	xie	xiao	xiu (xiou)	xian	xin	xiang	xing
jia	jie	jiao	jiu (jiou)	jian	jin	jiang	jing
yu (ü)	yue (üe)	yuan (üan)	yun (ün)	yong (iong)			
ju (jü)	jue (jüe)	juan (jüan)	jun (jün)	jiong			
qu (qü)	que (qüe)	quan (qüan)	qun (qün)	qiong			
xu (xü)	xue (xüe)	xuan (xüan)	xun (xün)	xiong			

The initial "j, q, x" can only followed by the finals "ia, ie, iao, iou, ian, in, iang, ing, ü, üe, üan, ün, iong".When the final "ü" are preceded by initials "j, q, x", the two dots over "ü" are omitted and turned into "ju, qu, xu".

（三）规则 5

you (iou)	diu (diou)		niu (niou)	liu (liou)	
ui (uei)	dui (uei)	tui (uei)			gui (uei)
un (uen)	dun (uen)	tun (uen)		lun (uen)	

When preceded by initials, the finals "iou, uei, uen" are written as "iu, ui, un".

（四）规则 6

x	ī ān	西安 Xī'ān
x	iān	先 xiān

Syllable-dividing mark " ' " is used before syllables beginning with "a, o, e" when they might be joined incorrectly to syllables preceding them.